リンガマスター対応
CDブック版 1 CD 枚付

まるごと使える
電話英会話
ミニフレーズ

JN270497

アルク

はじめに

　ビジネスの世界では、日本企業が海外の事業拠点を充実させるとともに、海外企業の日本への進出がますます本格化しています。プライベートの海外旅行もごく普通のことになりました。

　こうして、さまざまなかたちで国際化が進むにつれ、英語を使う機会も増えていますが、「英語の電話」となると尻込みしてしまう人がまだまだ多いようです。

　電話を通して、英語で満足のいくコミュニケーションができるようになるためには、いろいろな表現を覚えているだけでは不十分で、会話の流れを予測できなくてはなりません。また、日本との習慣の違いなど、背景として知っておくべきことがらもあります。

　本書は、そのような実践的な電話英会話のスキルを身につけていただくためにつくられました。

　まず、さまざまな場面を想定して、実際の会話でそのまますぐに使える表現を収めました。これらの表現を順を追って読み進んでいくだけでも、電話を通した

会話の流れがイメージできるように配列されています。

　そして解説では、それらの表現がどのような会話の流れの中で使われるのか、その前提としてどのような社会的・文化的な背景があるのかといったことをできるかぎり紹介しています。

　また、さらに具体的にするために、覚えた表現がどのような文脈の中で使われるかがわかる会話の例や、海外の電話事情なども収められています。

　状況に応じた適切な表現で、自分の意向を相手に伝え、相手のいうことを間違いなく理解できるようになることをめざして、いつも本書を身近において活用してください。

　本書で学ばれた方が、英語の電話を受けるときもかけるときも、積極的に会話をされ、ビジネスとプライベートの両面において、よりよい人間関係を築かれることを、心から祈っています。

ACTIVE ENGLISH 編集部

CONTENTS

はじめに ……………… 2
本書の使い方 ………… 6
CDの使い方 …………… 8

CHAPTER 1
基本編 …… 9

SECTION 1
電話を受けるとき・かけるとき …………… 12
KEY EXPRESSIONS
SKITS
● TELEPHONE BOOTH
〈ミチコ、クダサイ！〉

SECTION 2
取り次ぎたい相手がいるとき ……………… 30
KEY EXPRESSIONS
SKITS
● TELEPHONE BOOTH
〈留守番電話：ひとりでも We〉

SECTION 3
取り次ぎたい相手が話し中のとき ………… 42
KEY EXPRESSIONS
SKITS
● TELEPHONE BOOTH
〈長電話には「緊急電話」を！〉

SECTION 4
取り次ぎたい相手がいないとき …………… 56
KEY EXPRESSIONS
SKITS
● TELEPHONE BOOTH
〈電話に慣れているアメリカ人〉

SECTION 5
電話を終えるとき … 74
KEY EXPRESSIONS
SKITS
● TELEPHONE BOOTH
〈アメリカで静かなブーム：音の秘密兵器〉

SECTION 6
間違い電話を受けたとき · 84
KEY EXPRESSIONS
SKITS
● TELEPHONE BOOTH
〈留守電メッセージのいろいろ〉

CHAPTER 2
ビジネス編 ·· 95

SECTION 1
アポイントメントを取るとき ……………… 98
KEY EXPRESSIONS
SKITS
● TELEPHONE BOOTH
〈留守番電話以外の録音メッセージ／留守中にアポイントメント〉

SECTION 2
場所・道順をたずねるとき ……… 120
KEY EXPRESSIONS
SKITS
● TELEPHONE BOOTH
〈なかには電話のヘタな西欧人もいる〉

SECTION 3
問い合わせをするとき · 130
KEY EXPRESSIONS
SKITS
● TELEPHONE BOOTH
〈公衆電話から長距離：アメリカの場合〉

SECTION 4
注文をするとき ····· 154
KEY EXPRESSIONS
SKITS
● TELEPHONE BOOTH
〈コミュニケーションには英語力以外も大切〉

SECTION 5
苦情をいうとき ····· 164
KEY EXPRESSIONS
SKITS
● TELEPHONE BOOTH
〈気をつけよう：時差と祝祭日〉

SECTION 6
その他 ················ 178
KEY EXPRESSIONS
SKITS
● TELEPHONE BOOTH
〈あいづちの多い日本人／要点を強調して言い換える／「800-CAR-RENT」って何のこと？〉

CHAPTER 3
生活編 ······ 191

SECTION 1
予約を取るとき ····· 194
KEY EXPRESSIONS
SKITS
● TELEPHONE BOOTH
〈電話の過去・現在・未来〉

SECTION 2
ホテルに泊まるとき
················ 216
KEY EXPRESSIONS
SKITS
● TELEPHONE BOOTH
〈所変われば品変わる〉

SECTION 3
長距離電話を
申し込むとき ········ 234
KEY EXPRESSIONS
SKITS
● TELEPHONE BOOTH
〈コーリングカードを使うときは要注意〉

SECTION 4
日常的な用件のとき
················ 246
KEY EXPRESSIONS
SKITS
● TELEPHONE BOOTH
〈電話による売り込み〉

SECTION 5
緊急事態のとき ····· 260
KEY EXPRESSIONS
SKITS
● TELEPHONE BOOTH
〈非常事態のときは「ナイン・ワン・ワン」〉

SECTION 6
その他 ················ 274
KEY EXPRESSIONS
SKITS
● TELEPHONE BOOTH
〈電話で電報を打つ／銀行口座の出納状況も電話でチェック〉

これだけは覚えておきたい
電話のキーワード100 ········ 283

解説：高橋朋子 (CHAPTER 1, 3)
　　　田中宏昌 (CHAPTER 1, 2)
　　　Burton C. Turner
　　　　　　　(CHAPTER 1, 2)
英文作成：Jim Castleberry
　　　　　Cathleen Fishman
　　　　　Brian Maitland

本書の使い方

　本書『電話英会話ミニフレーズ』は、あなたが英語で電話をかけたり、受けたりするであろう状況を、大きく「基本編」、「ビジネス編」、「生活編」の3つの章に分けました。さらに各章を6つのセクションに分け、さまざまな場面で必要な表現を紹介しています。それぞれのセクション

KEY EXPRESSIONS

「電話必須表現」を網羅しています。解説では代替表現や類似表現とともに、実践に生かしていただくため、前後につながる表現、各表現と関連した電話に関する海外の常識なども紹介しています。

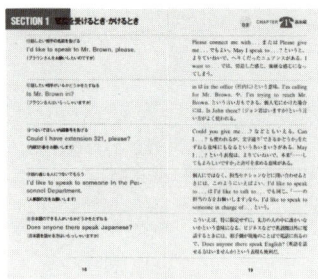

SKITS

バラエティに富んだ登場人物たちが繰り広げる寸劇です。各セクションの KEY EXPRESSIONS に出てきた表現を実際の場面でどのように使って会話を進めればよいのかを、楽しみながら見てください。

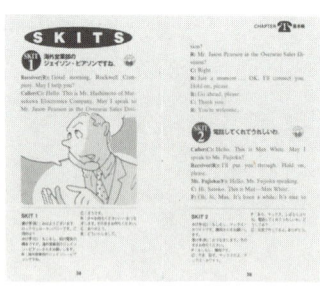

は、下に紹介する3つのパートからなっていて、順を追って読み進んでいくことによって、電話での会話に必要な英語の表現や、会話の進め方が自然に身につきます。

TELEPHONE BOOTH

国際電話や海外の電話に関連したエッセーです。筆者の豊富な経験と知識に基づく話題には、電話英会話のスキル向上に役立ついろいろな周辺情報がたくさん盛り込まれています。

CDの収録内容のお知らせ

ナレーター

Shane Novak / Tom Clark / Dennis Smith / Lynn Kane / Emalee Mandl / 岡田久恵 ほか

■CDの収録時間：約60分

■CDの収録内容
- **KEY EXPRESSIONS**
- **SKITS**

■CDの効果的な使い方

　まずは本書の英文を読みながら聞いてみてください。多少聞き取りづらい部分があっても、英文を目で確認しながら読むことで対処できるはずです。なお、この段階では、CDを止めながら聞いてもかまいません。もし文法上の問題などで文意が理解しづらい場合は、その部分の解説を読んで英文の意味を消化してください。自分の頭を通過させることで、記憶を助けることができるでしょう。

　次に、文字を追わずに耳だけで繰り返し聞いてください。意味を理解し、かつ、音としての英語に慣れることで、英語表現が、日本語のように「自然なもの」と感じられてくるはずです。

　自信がついたら、次はかならず口に出してまねてみてください。その際には、決して恥ずかしがらず、話者の気持ちになって、自分が同じ経験をしているようなつもりでいってみてください。

　外国語の表現を本当の意味で「覚える」ためには、イヌ = dog というように辞書を丸暗記するのではなく、自分になじみのある文脈の中で身につけていく必要があります。本CDを繰り返し聞き、さらに繰り返しまねることによって、英語を「自然なもの」としてください。

CD取扱いの注意
CDをいつでも良い音でお聞きいただくために、次のことにご注意ください。

1. CDの信号面(文字の書かれていない面・裏側)には非常に細かい信号が入っているため、静電気で付着したほこりでも音が出ない場合があります。ＣＤを聞く際は、必ず柔らかい布で拭いてから使用してください。
2. CDの信号面には指で触れないようご注意ください。万一触れた場合は、柔らかい布で拭いてから使用してください。
3. 高温多湿、直射日光の当たる場所は避けて保管してください。
4. ディスクの両面にペンで書いたり、シールを貼ったりしないでください。
5. 変形・破損したディスクは使用しないでください。プレイヤーの故障の原因となります。

※ Linguamaster®PC プレーヤーの使い方は *p.286〜291* をご覧ください。

CHAPTER 1
基本編

CHAPTER 1

基本編

　ちょっとした英会話なら何とかなると思っていても、いざ電話を通して英語で話そうするとドギマギしてしまうものです。しかし、電話には電話の話し方のパターンや決まり文句があります。その基本をマスターしてしまえば、電話の英会話は案外やさしいものです。
　たとえば、電話に出たら Hello. Is this ABC Press?(もしもし、そちらは ABC 出版さんですか)と英語がとび出してきたとしましょう。まず、Yes, it is.(はい、そうです)までは答えることができました。しかし、次のことばが出てきません。相手が何かいってくれるのを待つよりも、ここでは (This is) Akio Kimura speaking. のように、自分の名前を述べたいところです。
　次に「何のご用でしょうか」と切り出したいのですが、適当な英語の表現が出てきません。だからといって、What do you want? と直訳してしまってはかなりマズイことはいうまでもありません。ここでは May I help you?(どのようなご用件でしょうか)といきたいものです。

自分から海外に電話したときも同じことです。「……さんはいますか」と話したい相手を指名する際、うまい表現が出てこないと、最初からつまづいてしまうことになります。ここでは、Is Mr. Brown in?（ブラウンさんはいらっしゃいますか）とか、May I speak to Mr. Brown?（ブラウンさんとお話ししたいのですが）などと切り出したいところです。

　以上のような、(This is) ... speaking. や Is ... in? とか May I speak to ...? などは、電話の英会話では典型的な表現であり、それが使われる流れには決まり切ったパターンがあります。

　CHAPTER 1「基本」では、こういった基本的な表現を順を追って見てみることにしましょう。電話を受けたり、かけたり、誰かに電話を取り次いだりするときの表現を、家やオフィスにいるつもりになって、練習してください。

SECTION 1

電話を受けるとき・かけるとき

CHAPTER **1** 基本編

　電話を受けたりかけたりするときの表現は、電話の会話の中でも基本中の基本です。
　電話の会話をスムーズにするためには、まず、日本語の「もしもし」に相当する Hello. や、自分の名を名乗るときの This is . . . や . . . speaking. といった基本表現をはじめ、相手先を確認したり、誰かに電話を取り次ぐときに使われる表現を知っておくことが大切です。
　また、電話を取り次ぐ際、相手が指名してきた姓の人が複数いた場合のたずね方とか、相手を電話で待たせてしまった場合のあやまり方なども知っておく必要があります。反対に、自分から電話をかけた場合には、話したい相手を指名しなければなりません。内線につないでもらわなければならないこともあるでしょう。
　こういった表現の特徴は、どれもやさしい単語を使った文章ばかりで、知ってしまえば簡単な表現だということです。まずは、基本中の基本の表現から練習を開始することにしましょう。

SECTION 1　電話を受けるとき・かけるとき

①個人名を名乗りながら電話を受ける

Hello. This is Masao Fujita.

(はい、藤田正夫です)

②(姓を名乗りながら)電話を受ける

Hello. (Fujita residence.)

(はい、藤田です)

③会社名を名乗りながら電話を受ける

Eifuku Trading Company. May I help you?

(永福商事です。ご用件をどうぞ)

④部署名を名乗りながら(内線を)受ける

Overseas Sales Department.

(海外営業部です)

⑤(電話をかけて)自分の名前と会社名を名乗る

This is Masao Fujita of Eifuku Trading Company.

(永福商事の藤田正夫と申します)

CHAPTER 1 基本編

電話に出るときは、普通、Hello. (♪)と上がり調子で答える。オフィスなどで内線電話を受けるときは、そのあとに自分のフルネームを名乗るのが一般的。I am ... ではなく、This is ... を使うことに注意。また、Masao Fujita speaking. ということもできる。

自宅の電話に出る場合、日本では「はい、山本です」のように名乗ることが多いが、アメリカなどでは、プライバシーを守るため、Hello. だけですませるほうが一般的だ。姓を名乗る必要がある場合は、This is Yamamoto. ではなく、Yamamoto residence. という。

オフィスで外線を受けるときは、普通、まずこちらの会社名をいう。このとき This is ... とはいわない。また、Good morning. Eifuku Trading Company. のようにもいえる。その後に、May I help you? といって、相手が用件を切り出しやすいようにするとよい。

ビジネスの電話では、簡潔な応答が一般的だ。会社の重役などのオフィスだと、秘書が Mr. Brown's office. などと電話に出ることもある。その後に、(This is) Nancy speaking. のように、自分の名前(ファーストネームまたはフルネーム)を名乗ることも多い。

こちらからかけた場合は、用件を述べる前に名乗るのが普通だ。Hello. や Good morning. といってから名乗るのもよい。代理でかけている場合は、この後に、I'm calling on behalf of Mr. Jay Ross. (ジェイ・ロスさんの代理でお電話しています)などという。

SECTION 1　電話を受けるとき・かけるとき

⑥相手先を確認する

Is this Madison Industries?

(マディソン工業さんですか)

⑦かけてきた人の名前をたずねる

Who's calling, please?

(どちらさまですか)

⑧かけてきた人の会社名をたずねる

Could I have the name of your company?

(会社名を教えていただけますか)

⑨名前・会社名のつづりをたずねる

Could you spell your name, please?

(お名前のつづりを教えていただけますか)

⑩つづりを教える

Yes, it's F-U-J-I-T-A.

(F-U-J-I-T-A です)

CHAPTER 1 基本編

電話をかけたとき、相手のほうから会社名や姓名を名乗ってくれるとは限らない。答えが Hello. だけだったら、左のようにたずねて相手先を確認しよう。私宅に電話した場合は、Is this the Tanaka residence? (田中さんのお宅ですか)のように確認すればよい。

かけ手が⑥のように確認してきたら、Yes, it is. と答えてから、左のようにかけ手の名前をたずねると自然だ。単に Who's calling? や Who is this? でもよいが、May I ask who's calling? とか、Who's calling, please? と上がり調子でたずねると印象がよい。

相手が、This is John Brown. といっただけで、どこの人かわからないというときはこうたずねよう。日本では、⑤のように会社名と名前を一緒にいうのが普通だが、欧米では日本ほど会社名を名乗らないので、この表現を覚えておくと便利だ。

Could you spell it for me, please? (つづりを教えていただけますか)、How do you spell your name? (お名前はどうつづりますか)でもよい。会社名のつづりは、Could you spell the name of your company? (会社名のつづりを教えていただけますか)とたずねる。

名前のつづりを聞かれたら、このように Yes とか Sure と答えてからアルファベットをいう。中には聞き間違えやすい文字もあるので、F as in Frank, U as in uncle... (Frank の F、uncle の U……)という具合に、わかりやすいことばの頭文字を使うことが多い。

SECTION 1　電話を受けるとき・かけるとき

⑪話したい相手の名前を告げる

I'd like to speak to Mr. Brown, please.

(ブラウンさんをお願いしたいのですが)

⑫話したい相手がいるかどうかをたずねる

Is Mr. Brown in?

(ブラウンさんはいらっしゃいますか)

⑬つないでほしい内線番号を告げる

Could I have extension 321, please?

(内線321番をお願いします)

⑭話の通じる人につないでもらう

I'd like to speak to someone in the Personnel Department.

(人事部の方をお願いします)

⑮日本語のできる人がいるかどうかをたずねる

Does anyone there speak Japanese?

(日本語を話せる方はいらっしゃいますか)

Please connect me with... または Please give me... でもよい。May I speak to...? というと、よりていねいで、へりくだったニュアンスがある。I want to... では、切迫した感じ、強硬な感じになってしまう。

---

in は in the office（社内に）という意味。I'm calling for Mr. Brown. や、I'm trying to reach Mr. Brown. という言い方もできる。個人宅にかけた場合には、Is John there?（ジョン君はいますか）という言い方がよく使われる。

Could you give me...? などともいえる。Can I...? も使われるが、文字通り「できるかどうか」をたずねる意味にもなるというあいまいさがある。May I...? という表現は、よりていねいで、本来「……してもよろしいですか」と許可を求める意味がある。

個人にではなく、担当セクションなどに問い合わせるときには、このようにいえばよい。I'd like to speak to... は I'd like to talk to... でも同じ。「……の担当の方をお願いします」なら、I'd like to speak to someone in charge of... という。

こういえば、特に限定せずに、先方の人の中に誰かいないかという意味になる。ビジネスなどで英語圏以外に電話するときには、相手側が現地のことばで電話に出るので、Does anyone there speak English?（英語を話せる方はいませんか）という表現も便利だ。

SECTION 1　電話を受けるとき・かけるとき

⑯折り返し電話をする

I'm returning Mr. Brown's call.

(ブラウンさんにお電話いただいたようなので)

⑰前に電話をした者だという

I called Mr. Brown earlier.

(さきほどブラウンさんに電話をした者です)

⑱待ってもらう

Just a moment, please.

(少々お待ちください)

⑲用件をたずねる

What is this call regarding?

(どのようなご用件でしょうか)

⑳誰に取り次いでほしいのかをたずねる

Who are you calling?

(誰におかけですか)

CHAPTER 1 基本編

折り返し電話をする場合は、このように return (人名)'s call を使うか、あるいは I'll call you back later. (あとで折り返し電話します)のように、call ... back、call back ... という。「コールバック」を名詞として用いるのは、和製英語。

「さきほど」は earlier を使う。誤って before を用いやすいので注意。前回に不在などで話せなかった場合だけでなく、もう一度話したいというときにもこういう。Is he available now? (彼はいま電話に出られますか)などと続ければよい。

Wait, please. は失礼な感じ。Just a minute. には少々くだけた響きがある。左の表現のほかに、Hold on a moment, please. あるいは、電話独特の決まり文句である Hold the line, please. ([切らずに]そのままお待ちください)を使ってもよい。

相手の用件を知りたいときには、こうたずねればよい。Why are you calling? (なぜ電話してきたんですか)という言い方は失礼なばかりでなく、「なぜ他の手段でなく電話なのか」などの意味にも取れるあいまいさがあるので、不適当である。

この表現は直接的だが失礼ではない。とくにビジネスの電話では、誤解を招かない表現が最も大切だ。Who would you like to speak to? でもよい。答えは Mr. Brown, please. あるいは I'd like to talk to Mr. Brown. (ブラウンさんをお願いします)などとなる。

SECTION 1　電話を受けるとき・かけるとき

㉑本人が電話に出ていると告げる

Speaking.

(私です)

㉒自分が担当者だという

I'm in charge of that.

(私がその件の担当者です)

㉓同姓の人が複数いるという

We have two Yamadas here.

(山田はふたりおりますが)

㉔同姓の人のどちらかをたずねる

Is that Kenji Yamada, or Hiroshi Yamada?

(山田健二ですか、山田弘ですか)

㉕取り次ぐ相手の部署をたずねる

What section does he work in?

(部署はおわかりですか)

受けた電話が自分宛てだったら、このように答えればよい。This is he‹she›. のように答えるのも一般的だ。自分自身を三人称で呼ぶのは、慣れないと違和感があるかもしれないが、よく使われる答え方なので覚えておこう。

---

in charge of . . . で「(人が)……を管理している、担当している」という意味(*p. 18⑭参照*)。「担当の坂本という者にかわります」なら、I'll connect you to Mr. Sakamoto. He's *in charge of* that. などといえばよい。

There are two people here named Yamada. といってもよい。英語圏では、ミドル・ネームを持っている人がめずらしくないし、姓と名のどちらにも使われる名前も多い。こちらからかけるときは、話したい相手の所属部署などをできるだけはっきり伝えよう。

このようにたずねれば、相手は、Kenji, please. (健二さんを)、I mean Hiroshi Yamada. (弘さんのほうです)などと答えるだろう。逆にこちらからかける場合、姓しかわからなければ、Mr. Yamada of the Import Division (輸入部の山田さん)のように部署を伝える。

大きな会社などでは、名前だけでは受けた側がわからないこともある。左のように聞かれたら、(He is in) The Sales Department. (営業部です)、I think he works in the Planning Department. (企画部だと思います)のように答える。

SECTION 1　電話を受けるとき・かけるとき

㉖(同僚に)電話が入っていると伝える

There's a call from Mr. Brown.

(ブラウンさんからお電話です)

㉗待たせていることをわびる

I'm sorry to keep you waiting.

(お待たせいたしております)

㉘取り次ぐ相手を探しているという

We are trying to locate Mr. Yamada.

(いま山田を探しております)

㉙さらに待ってもらう

Could you hold on a little longer?

(もう少々お待ちいただけますか)

㉚待ってもらったことに礼をいう

Thank you for waiting.

(お待たせいたしました)

CHAPTER 1 基本編

You have a call from Mr. Brown. とか、Mr. Brown is on the phone. といってもよい。不在だった人に「(ブラウンさんから)電話がありました」と伝えるなら、Mr. Brown called you. あるいは There was a call from Mr. Brown. などとなる。

相手に対する同情の念や申し訳ないと思う気持ちは、このように I'm sorry + 不定詞(句)で表すことができる。また、... for keeping you waiting と動名詞(句)を用いたり、I'm sorry you had to wait so long. のように節を続けることもできる。

ここでは、locate は「……の所在をつきとめる」の意。自社の人間を呼ぶときは、日本語では敬語抜きで「ただいま山田を……」となるが、英語では Yamada と呼び捨てにする必要はなく、Mr. Yamada と Mr.、Ms. などを姓の前につける(p. 68㉚参照)。

こうたずねられ、OK なら Sure. (いいですよ)と答えればよい。待てない場合は、I'm sorry, but I (really) have to get off the phone now. (すみませんが、もう電話を切らなければなりませんので)などといい、また電話をすると告げればよい(p. 46⑧参照)。

できれば、取り次いだ者から相手の名前をしっかり聞いておき、Thank you for waiting, Mr. Davis. のように名前を呼びかけたほうが、相手によい感じを与える。長く相手を待たせたときは、I'm sorry to have kept you waiting. といって詫びる。

SKITS

SKIT 1 　植村さんをお願いしたいのですが。

Receiver(R): Tokyo Trading Company. May I help you?

Caller(C): Hello. This is George Richter. I'd like to speak to Mr. Uemura, please.

R: We have two Uemuras here. Is that Toshio Uemura, or Hiroshi Uemura?

C: Toshio.

R: OK. Could I have the name of your company, please?

C: Yes, it's Excel Industries. E-X-C-E-L.

R: Thank you. I'll transfer you. Just a moment, please, Mr. Richter.

SKIT 1

受け手（R）：東京貿易です。ご用件をどうぞ。
かけ手（C）：もしもし。ジョージ・リクターです。植村さんをお願いしたいのですが。
R：植村という者はふたりおりますが。植村敏夫ですか、植村弘ですか。
C：敏夫さんを。
R：かしこまりました。会社のお名前を教えていただけますか。
C：はい、エクセル工業、E-X-C-E-L です。
R：ありがとうございます。おつなぎします。少々お待ちください、リクター様。

CHAPTER 1 基本編

SKIT 2 リクターさんにお電話いただいたのですが。

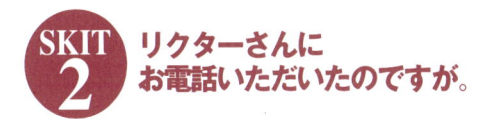

Receiver(R): Good afternoon. Excel Industries.
Caller(C): Hello. This is Toshio Uemura. I'm returning Mr. Richter's call.
R: I'll transfer you, Mr. Yumera.

SKIT 2

受け手(R)：はい、エクセル工業です。
かけ手(C)：もしもし。植村敏夫と申します。リクターさんにお電話いただいたのですが。
R：おつなぎします、ユメラ様。
C：ウエムラです。
R：あら、申し訳ありません、ウエムラ……様？
C：そうです。U-E-M-U-R-A です。
R：わかりました。おつなぎします。少々お待ちください。
C：どうも。

C: It's Uemura.
R: Oh, I'm sorry—Mr . . . Uemura?
C: That's right. It's U-E-M-U-R-A.
R: I see. OK, I'll connect you. Hold on a moment, please.
C: Thank you.

SKIT 3 リクターさんのお宅ですか。

Receiver(R): Hello.
Caller(C): Hello. Is this the Richter residence?
R: Yes. Who's calling, please?
C: This is Toshio Uemura of Eifuku Trading Company. May I speak to Mr. Richter?
R: Oh, Mr. Uemura! This is George Richter speaking. I've been expecting your call.

SKIT 3

受け手(R)：もしもし。
かけ手(C)：もしもし。リクターさんのお宅ですか。
R：はい。どちらさまですか。
C：永福貿易の植村敏夫です。リクターさんをお願いしたいのですが。
R：ああ、植村さん！ リクターです。お電話をお待ちしていました。

TELEPHONE BOOTH ①

ミチコ、クダサイ！

　電話の内線につないでもらうとき、英語では、Could I have extension 123, please?（内線123番をお願いします）とか、Would you give me extension 123?（内線123番につないでいただけませんか）のようにいうが、こういった表現に慣れている英語のネイティブ・スピーカーが電話で日本語を話すと、学習者独特の間違いを犯すことがある（以下、本当にあった話）。

　アメリカ人青年スティーブは、東京に来て片言の日本語をやっと覚えた頃、美知子と知り合った。美知子は英語が話せるので、安心して彼女に電話した。ところが、父親が電話に出てしまった。「美知子さんはいらっしゃいますか」という表現など知るはずもない。ましてや「美知子さんはご在宅でしょうか」など、まるで縁のない表現だ。「アー、ウー」の末、思いついた表現が、何と「ミチコ、クダサイ！」ときたものだから、父親はビックリ仰天！　しかし、涙ぐましい話だ。

　これが、果して Would you give me...? や Could I have...? という電話表現の影響かどうかは定かでないが、何となく納得できる。

　後で真相を知った父親はホッとしたものの、「変な外人」という印象を強めたという。こういったエピソードを耳にすると、私たち日本人もちょっとした電話の英語表現を知っておくことが、いかに大切かわかるというものだ。

（高橋朋子）

SECTION 2

取り次ぎたい相手が いるとき

CHAPTER **1** 基本編

　海外からオフィスにかかってきた電話にテンヤワンヤした経験というのは、誰にでも一度はあることでしょう。誰か他の人に取り次ぐという簡単なはずのやりとりが、ひどく大任（？）に思えたという人もいるはずです。
　しかし、取り次ぐ相手がオフィスにいる場合には、I'll connect you.（おつなぎします）くらいの簡単な表現さえ知っていれば、その場を何とか切り抜けられるものです。相手をちょっと待たせそうなときは、He's on his way.（すぐまいります）といってあげるのも親切です。また、会議中に電話がかかってきて席をはずして電話を受けたものの、すぐに切らなくてはならないようなときは、I'm sorry, but I'm in a meeting now.（申し訳ありませんが、会議中ですので）などといえばいいわけです。
　ここでは、電話を取り次ぐ相手がいる場合、または、電話が自分自身にかかってきた場合の表現をみていくことにしましょう。

SECTION 2 取り次ぎたい相手がいるとき

①取り次ぐ相手につなぐという
I'll connect you.
(おつなぎします)

②つながったことを伝える
Go ahead, please.
(どうぞ、お話しください)

③すぐ来るという
He's on his way.
(すぐ参ります)

④あいさつをする(1)
It's been a while.
(お久しぶりです)

⑤あいさつをする(2)
I'm glad to hear from you.
(よくお電話をくださいました)

代表電話でオペレーターが受けた場合ではなく、秘書や、社内の者が受けて、オフィス内で転送する場合には、I'll transfer you.（お回しします）というのも一般的だ。また、I'll put you through. という表現もよく使われる。

左の言い方は、どんな場面でも使える。よりていねいにいえば、The other party is on the line now, you may go ahead, please.（つながりました。どうぞお話しください）などとなる。the other party は「もう一方の当事者」つまり「取り次ぐ相手」のこと。

on one's way は「電話に向かって来ている」という意味で、「すぐに参ります」というような感じ。He will be with you in a moment. ということもできる。電話を取り次ぐ人の役割は、ここまでで終わりと考えていいだろう。

相手が知り合いであれば、親しい雰囲気を作り出すために必要なあいさつのひとつ。この後に How are you, Frank? とか How have you been? などと続けることによって、親しみを込めたやりとりが始まる。もちろん、声の調子も温かみをもったものにすること。

glad は happy（うれしい）と satisfied（満足して）を合わせたようなニュアンスだ。「私は、ほかの誰でもない、あなたからの電話を待っていたのです」というようなニュアンスを加えたいときは、特に you を強く発音する。

SECTION 2 取り次ぎたい相手がいるとき

⑥あいさつをする(3)

I've been expecting your call.

(お電話をお待ちしておりました)

⑦不在中に電話をくれたかどうかをたずねる

Did you call me?

(外出中にお電話くださいましたか)

⑧面倒をかけていることをわびる

I'm sorry to cause so much trouble.

(ご面倒をおかけして申し訳ありません)

⑨夜遅くに電話したことをわびる

I'm sorry to call you so late.

(夜分遅く申し訳ありません)

⑩紹介を受けたという

Mr. Mason suggested I call you.

(メイソンさんからご紹介いただいた者です)

CHAPTER 1　基本編

前ページの⑤と同じように、普通は外交辞令を含んだあいさつとして使われる。大切な顧客や友人が相手の場合にふさわしい表現だろう。「お電話をお待ちしています」はI'll be expecting your call. という。

外出後に折り返し電話をするような場合に使える。ていねいにいうと I was wondering if you called while I was out? となる。I am wondering if you'd call me later. だと、「お電話いただけませんでしょうか」と依頼を表す。

長時間待たせてしまったときや、込み入った用件で何度も電話したり、相手の仕事を中断させてしまったりした場合は、左のようにいう。同じ相手にしつこく電話をして気がひけるようなら、2度目には Sorry to trouble you again. という表現を覚えておくと便利。

夜遅い場合だけでなく、「ご連絡が遅れて申し訳ありません」という意味でも使える表現。アポイントを直前になってキャンセルする場合や、予定の変更があったのに、当日まで連絡を忘れていたようなときなどに言い添えるとよい。

見ず知らずの相手に電話をしたときに、こういえば、「メイソンさんにあなたのことをうかがってお電話しました」という意味になる。知り合いへの電話でも、「メイソンさんがあなたに電話してはどうかといったので」という意味で使うことができる。

SECTION 2 取り次ぎたい相手がいるとき

⑪不在だったことをわびる

I'm sorry I missed your call.

(留守にしまして申し訳ありません)

⑫忙しいという

I'm sorry, but I'm a little busy now.

(申し訳ありませんが、いま手が離せません)

⑬会議中だという

I'm sorry, but I'm in a meeting now.

(申し訳ありませんが、いま会議中です)

⑭外出するところだという

I'm sorry, but I was just on my way out.

(申し訳ありませんが、いま外出するところです)

⑮折り返し電話をするという

Can I get back to you later?

(のちほど折り返しお電話をしてもいいですか)

不在中にかかってきた電話に対して、折り返し電話するときに使う。This is . . . と名乗った後に左のようにいえば、相手への対応がていねいだという印象を与える。I have just come back to my office.（たったいまオフィスに戻ったところです）と続けて、誠意を示そう。

I'm busy. は場合によっては失礼に聞こえるので注意。親しい相手なら、I'm pretty busy now.（いまとても忙しい）といってもよいかもしれない。Can I call you back later?（折り返しお電話しますが）などと続ければよい。

会議を抜け出してきたような場合、こういえば、長びきそうな電話を短く切りあげることができる。「会議が終わり次第、こちらからお電話いたします」は、I'd like to call you back as soon as I get out of a meeting. などという。

ちょうど外出しようとしたときにかかってきた電話が長引きそうで、早く切り上げたいという場合に使える表現だ。be on one's way で「……の途中で」という意味。on one's way back home なら「家に帰るところです」。

ここでは、get back は call back と同じく「折り返し電話をする」という意味。よりていねいにいうと If it is all right, I'd like to call you back later.（おさしつかえなければ、のちほどこちらからお電話さしあげますが）などとなる。

SKITS

SKIT 1 海外営業部の ジェイソン・ピアソンですね。

Receiver(R): Good morning, Rockwell Company. May I help you?
Caller(C): Hello. This is Mr. Hashimoto of Matsukawa Electronics Company. May I speak to Mr. Jason Pearson in the Overseas Sales Divi-

SKIT 1
受け手(R)：おはようございます、ロックウェル・カンパニーです。ご用件は？
かけ手(C)：もしもし、松川電気の橋本ですが。海外営業部のジェイソン・ピアソンさんをお願いします。
R：海外営業部のジェイソン・ピアソンですね。
C：そうです。
R：少々お待ちください……おつなぎします。そのままお待ちください。
C：ありがとう。
R：どういたしまして。

sion?

R: Mr. Jason Pearson in the Overseas Sales Division?

C: Right.

R: Just a moment... OK, I'll connect you. Hold on, please.

R: Go ahead, please.

C: Thank you.

R: You're welcome.

SKIT 2 電話してくれてうれしいわ。

Caller(C): Hello. This is Max White. May I speak to Ms. Fujioka?

Receiver(R): I'll put you through. Hold on, please.

Ms. Fujioka(F): Hello. Ms. Fujioka speaking.

C: Hi, Satoko. This is Max—Max White.

F: Oh, hi, Max. It's been a while. It's nice to

SKIT 2

かけ手(**C**)：もしもし、マックス・ホワイトです。藤岡さんをお願いします。
受け手(**R**)：おつなぎします。そのままお待ちください。
F：もしもし、藤岡です。
C：やあ、聡子。マックスだよ、マックス・ホワイト。
F：あら、マックス。しばらくぶりね。電話してくれてうれしいわ。どうしてる？
C：元気でやってるよ。ありがとう。

hear from you. How have you been?
C: Fine, thank you. . . .

SKIT 3 あとでかけなおしてもいいかな。

Caller(C): This is Cindy. Have you seen Mr. Wilson? He's late for a meeting.
Receiver(R): He's on his way.
C: Great. By the way, I'm having a party at my house on Friday. Can you come?
R: Can I get back to you later?

SKIT 3

かけ手(C)：シンディーです。ウィルソンさんを見なかった？ 彼は会議に遅れているの。
受け手(R)：そちらに向かっているよ。
C：よかった。ところで、金曜日にパーティをするんだけど。来られる？
R：あとでかけなおしてもいいかな。

留守番電話:ひとりでも We

　留守番電話 (answering machine) は、特にひとり暮らしには欠かせない文明の利器だ。しかし、留守電を使うにあたっては、少々注意しなければならない点がある。

　日本では、よく留守電から「はい、山本です。ただ今留守にしています」といった調子のメッセージ (outgoing message [OGM]) が流れてくることがある。しかし、アメリカでは、外出中でも I'm not home.（留守です）とはいわないのが常識だ。また、住所を調べられる可能性があるので、ラストネームをいうこともない。だから、This is 123-4567. We cannot come to the phone right now.（こちら、123-4567です。ただ今電話に出られません）のような OGM が典型的だ。たしかに、誰彼かまわずいちいち留守を知らせる必要はない(空き巣が留守を確認しようとして電話してきた場合は物騒だ!)。

　また、ひとり暮らしの人でも、We are unable to take your call at this moment.（ただ今電話に出られません）のように、We と複数形を使うことも多い。中には、「家には犬がいるんだぞ」とばかりに、OGM に犬の声をバックグラウンドに吹き込んでおく人もいる。

　それにしても、「はい、山本です。ただ今留守にしています」と堂々といえる日本は、まだまだ安全ということのようだ。

　　　　　　　　　　　　　　　　　　（高橋朋子）

SECTION 3

取り次ぎたい相手が話し中のとき

CHAPTER **1** 基本編

　同僚や上司にかかってきた国際電話を取り次いだら、何とその人は話し中。こんなときは、話し中の相手を恨むよりも、かけ手に待つかどうかたずねたり、伝言を受けたりなどできる、適切な表現を身につけておくようにしましょう。

　反対に、自分が電話をかけたところ、相手が話し中だった場合にも、都合に応じて自分の希望を述べることができるようにしたいものです。たとえば、Please tell her that I called.（私から電話があったことをお伝えください）といった伝言を残すのもよいでしょう。Would you ask him to call me as soon as he gets off the phone?（電話が終わり次第、私に電話してくださるようお伝えください）と頼むのもよいでしょう。

　ここでは、取り次ぎたい相手や自分の話したい相手が話し中のときに役立つ表現をみていくことにしましょう。

SECTION 3　取り次ぎたい相手が話し中のとき

①取り次ぐ相手が話し中だという(1)

I'm sorry—his line is busy at the moment.

(申し訳ありませんが、話し中です)

②取り次ぐ相手が話し中だという(2)

I'm sorry, but she's on another line at the moment.

(申し訳ありませんが、ただいまほかの電話に出ております)

③待ってもらう

Would you hold on for a moment?

(しばらくお待ちいただけますか)

④折り返しかけさせようかと提案する

Shall I have her call you back?

(こちらから折り返しかけさせましょうか)

⑤伝言を残すかどうかたずねる

Would you like to leave a message?

(ご伝言はございますか)

His line is *busy*. はアメリカ英語。イギリス英語では、His line is *engaged*. が使われる。「お待ちになりますか」は Would you hold on a moment?、「のちほどおかけ直しいただけますか」は Can you call back later? という。

企業などの電話応対マニュアルでは、電話を取り次いだ人はこのあと、下記の④または⑤のように続けることになる。もちろん、May I have your name and the company's name again? と相手の名前、会社名を確認する必要もある。

欧米では、専用の電話でも秘書が取り次ぐ場合が多く、呼び出すあいだ多少待たされる。さらに待たせるときは、Your party will be with you in a moment.（まもなくおつなぎできます）などとつなぎのことばをはさむ。your party は「取り次ぐ相手」のこと。

相手がかけ直すといっても、このようにたずねるのが礼儀にかなっている。Is that convenient?（ご都合はいかがですか）と続けるのもよい。「電話が終わりましたら〈席に戻りましたら〉」は as soon as she gets off the phone ‹comes back to her desk›。

Shall ‹Could› I take a message? のようにたずねてもよい。伝言を聞いておけば、折り返し電話をせずにすむことも多いし、しかるべく何かの処理をしたうえで電話をするなど、ビジネス上やプライベートにおける用事を合理的に進めることもできる。

SECTION 3　取り次ぎたい相手が話し中のとき

⑥待つという
I'll hold, thank you.
(待たせていただきます)

⑦どのくらい待てばよいかをたずねる
How long will it take?
(どのくらいかかりますか)

⑧かけ直すという
I'll call again later.
(かけ直します)

⑨公衆電話からかけているという
I'm calling from a pay phone.
(公衆電話からです)

⑩長距離電話だという
I'm calling long distance.
(長距離電話なのです)

CHAPTER 1 基本編

待つかどうかとたずねられたとき (p. 44③) の答えとして使える。もっと軽い答え方としては、Yes, I will.、Certainly.、No problem. などがある。左のように「待ちます」というと、相手は「大事な用件なので、早く話す必要がある」という含みがあると感じるだろう。

How soon will she be available? (どのくらいで出ていただけますか)、Will it be long? (長くかかりそうですか) などとたずねてもよい。「かけ直したほうがいいでしょうか」は、Do you think it would be better for me to call back? という。

「もう一度電話をしてみる」は try を使ってもよい。Thank you. をつけて、Thank you, I'll *try* again later. のようにていねいにいおう。場合によっては、I'll call again in ten minutes. (10分以内に電話します) と、はっきり時間を伝えたほうが効果的だ。

「公衆電話」は a pay ‹public› phone。相手に I'll call you back. (かけ直します) といわれたが、自分は外からかけている場合はこう告げよう。かけ直すときは、I'll call again around three o'clock. (3時ごろに、またこちらからお電話いたします) のようにいえばよい。

折り返しこちらから電話をさせようという場合には、I'll have him call you back. May I have your (phone) number, please? (こちらからお電話させますので、お電話番号をお願いします) といえばよい。

SECTION 3 取り次ぎたい相手が話し中のとき

⑪折り返し電話をしてくれるように頼む

Would you please ask him to call me as soon as he gets off the phone?

(お電話が終わりしだい、私にお電話くださるようお伝えいただけますか)

⑫相手の電話番号を知っているかどうか確認する

Does she have your number?

(お電話番号を存じあげていますか)

⑬折り返しどこに電話をさせればよいかたずねる

What number should he call?

(どちらにお電話させたらよろしいでしょうか)

⑭電話番号を伝える

Please have her call me (back) at 5123-4567.

(5123-4567までお電話いただけますか)

⑮いつ電話すればよいかとたずねる

When is a good time to have her return your call?

(いつお電話させればよろしいですか)

Would you please ask him ...? というと、Please ask him ... よりも、さらにていねいになる。Tell him ... では「彼に命令してくれ」というような響きがあり、相手に失礼な感じを与えてしまう。get off ... は、ここでは「……から離れる」というほどの意味。

聞かれたほうは、I think she does, but I'll give it to you just in case. It's ... (ご存じだと思いますが、念のため申し上げておきます)などと答えればよい。May I have your number? (お電話番号をお教えいただけますか)と、とりあえず聞いておくのもよい。

電話番号がわからないというのではなく、なじみの人物だが連絡先がいくつかあるという場合もあるだろう。そういうときにもこのようにいうか、Which number can he reach you at? (何番に連絡したらいらっしゃいますか)とたずねればよい。

---

at home (自宅まで)、at the office (会社まで)などといって頼むよりも、電話番号をはっきりといったほうが間違いがない。大都市では市外局番(area code)が地区によって違うことも多いので、市外局番も忘れずに確認するほうがよいだろう。

行き違いなどを防ぐために、ぜひこのように確認しよう。When should she try to reach you? (いつごろ連絡すればよろしいでしょうか)とたずねてもよい。答えるほうは、I'll be home by eight o'clock. (8時には自宅に戻っております)などといえばよい。

SECTION 3　取り次ぎたい相手が話し中のとき

⑯伝言を頼む

Could you take a message, please?

(伝言をお願いできますか)

⑰伝言を伝えるという

All right, I'll give him your message.

(かしこまりました。ご伝言をお伝えします)

⑱伝言をする(1)

Please tell her I called.

(電話があったことをお伝えください)

⑲伝言をする(2)

Please tell him that I'm arriving in New York today.

(きょうニューヨークに着くとお伝えください)

⑳伝言の内容を確認する

Let me confirm that. You said you were arriving in New York today, didn't you?

(確認いたします。きょうニューヨークにお着きになるということですね)

CHAPTER 1 基本編

Is it possible to leave a message now?/Can I leave a message? (伝言を残せますか)という言い方もある。すこしくだけた言い方をすれば、Can you relay this to Mr. Brown? (ブラウンさんにこのことを伝えてもらえますか)などということもできる。

I'll make sure he gets the message. といってもよい（p. 76③参照）。ただし、英語でメッセージを受ける場合には、正確を期して、ぜひ下の⑳のように確認しよう。大事な伝言をした場合などは念のため、May I have your name? と受け手の名前を確認するとよい。

初めての場合や、親しくない場合には確認のためにも Tell him that Masao Fujita called. のように、自分のフルネームをいうとよい。ビジネスなどで、あらためて名前を聞きにくい場合には、つづりをたずねることで名前を確認できる（p. 16⑨参照）。

I'm arriving on flight US 8312. I'll be staying in the Hilton Hotel on Fifth Avenue. (US 8312便で着きます。宿泊先は五番街のヒルトンホテルです)のように、フライトナンバーや滞在するホテルなども伝えておくと、相手が連絡を取りやすい。

Let me confirm that. You said . . . は相手のいったことを繰り返して確認するのに便利な表現。特に時間、日にち、曜日、フライトナンバー、電話番号、住所、ホテル名などは重要なので、ひとつひとつていねいに確認すること。

SKITS

SKIT 1 あいにく別の電話に出ております。

Caller(C): Hello. May I speak to Mr. Kitano?
Receiver(R): I'm sorry, but he's on another line now. Would you care to hold?
C: Well, I need to leave in a minute. Could you take a message?
R: Certainly.
C: It's a little complicated... This is Rachel Edwards of Computec...
R: OK...
C: I was supposed to meet Mr. Kitano for lunch at 12:30 at Napoli restaurant with our client, Mr. Townsend...
R: Napoli... Townsend—OK...
C: But Mr. Townsend's flight arrived late, and I need to pick him up at the airport now...
R: Airport—OK...

SKIT 1

かけ手(C)：もしもし。北野さんはいらっしゃいますか。
受け手(R)：あいにくですが、ただいま別の電話に出ております。お待ちいただけますか。
C：すぐに行かなくてはならないのです。ご伝言をお願いできますか。
R：かしこまりました。
C：ちょっと複雑なのですが……こちらはコンピュテックのレイチェル・エドワーズです。
R：はい。
C：北野さんとナポリというレストランで12時にお会いして、私どものお客様のタウンゼントさんと昼食をご一緒するはずでした。
R：ナポリ……タウンゼント、はい。
C：ですが、タウンゼントさんの飛行機が遅れたため、私はこれから空港に彼を迎えに行かなくてはなりま

CHAPTER 1 基本編

C: So I'd like to change the time to 1:00 . . .

R: One o'clock . . .

C: And I want to meet at Ernie's instead of Napoli, because I found out Mr. Townsend is allergic to oregano.

R: Ernie's . . . allergic to—oh, Mr. Kitano is off the phone now. Shall I transfer you?

C: (Sigh) Sure.

せん。
R：空港、はい。
C：それで、時間を1時に変更していただきたいのです。
R：1時。
C：それからナポリではなく、アーニーズでお会いしたいのです。タウンゼントさんがオレガノにアレルギー体質だとわかったものですから。
R：アーニーズ……アレルギー、あっ、ただいま北野の電話が終わりました。おつなぎしますか。
C：(ため息をついて) お願いします。

SKIT 2

かけ手(C)：もしもし、クラークさんをお願いします。
受け手(R)：お名前を教えていただけますか。
C：KSTの高橋良夫と申します。
R：お待ちください……申し訳あり

SKIT 2 ただいま話し中です。

Caller(C): Hello. Can I speak to Mr. Clark?
Receiver(R): May I have your name, please?
C: I'm Yoshio Takahashi from K.S.T.
R: Hold on, please . . . I'm sorry, but his line is busy at the moment. Would you care to hold on?
C: About how long will it take?
R: I'm sorry, but I'm not sure.
C: Well, would you please ask him to call me as soon as he gets off the phone?
R: Does he have your phone number?
C: I think so, but I'll give it to you just in case. My phone number is 5555-1234.
R: OK. You're Yoshio Takahashi from K.S.T., and your number 5555-1234.
C: Right.
R: I'll give him the message.
C: Thank you. Bye.

ません、ただいま話し中です。お待ちになりますか。
C: どのくらいかかりますか。
R: 申し訳ありませんが、わかりません。
C: では、お電話が終わり次第、私に連絡をくださるよう、お伝えいただけますか。
R: そちら様のお電話番号を存じ上げておりますか。
C: そう思いますが、念のために申し上げます。こちらの電話番号は5555-1234です。
R: KSTのタカハシヨシオ様。お電話番号は5555-1234ですね。
C: そうです。
R: ご伝言は、お伝えいたします。
C: ありがとう。それじゃ。

TELEPHONE BOOTH ❸

長電話には「緊急電話」を！

　最近は、キャッチホン (call waiting) というサービスができたおかげで、相手の長電話にイライラすることが少なくなった。しかし、どこの家庭でもこのサービスを使っているとはかぎらない。

　特に気の短い人間にとっては、あの「プープープー」という音（この「話し中」のシグナルは万国共通なのだろうか？）は大変不愉快なものだ。しかし、アメリカには、長電話に堪忍袋の緒が切れそうになったときの「頼みの綱」がある。それは、emergency call（緊急電話）だ。

　まず、0（ゼロ）を回して、交換手 (operator) を呼び出す。次に、This is an emergency call.（緊急電話です）といい、I've been trying to reach 123-4567 but the line's been busy. My name is Takako Hanada.（123-4567にかけているのですが、ずっと話し中です。私の名は花田貴子です）などのように、相手の電話番号と自分の名前を告げる。すると、交換手が話し中の相手の会話に割り込み、緊急電話が入っていることを伝える。連絡を受けた相手が電話を切ると、そのまま自分の電話につながるという仕組みだ。

　もちろん、この場合、相手が緊急電話を受けるのを断ることもあるわけだが、そんな時は、長電話にイライラさせられた以上に頭にくるにちがいない。

（高橋朋子）

SECTION 4

取り次ぎたい相手がいないとき

会社や家庭で、自分以外の誰かに電話がかかってきても、肝心の取り次ぐべき相手が、外出中だったり休みをとっていて不在だという場合はどうしたらよいのでしょうか。

　特にオフィスの場合は、I'm sorry—he's off today.（申し訳ありません、本日は休みをいただいております）のように、取り次ぐ相手がいないこと（または、その理由）を、残念そうに（または、謝る感じで）伝え、さらに不在であることを伝えるのが典型的です。

　不在の理由は、出社していない、出張中である、昼食に出かけた、などいろいろ考えられます。外出中でもいつごろ帰るのかわかっている場合は、だいたいの時間を知らせてあげるのも親切です。もし、まったくその予想がつかない場合は、その旨はっきり伝えればいいのです。

　ここでは、このように、取り次ぐ相手が不在の場合に役立つ表現を学ぶことにしましょう。

SECTION 4 取り次ぎたい相手がいないとき

①取り次ぎたい相手の応答がないと伝える

Nobody's answering.

(誰も出ません)

②すぐ戻ると伝える

She'll be right back.

(すぐに戻ります)

③席をはずしていると伝える

I'm sorry, but he's not at his desk now.

(申し訳ありません。ただいま席をはずしております)

④まだ出社していないと伝える

I'm sorry — he hasn't come in yet.

(申し訳ありませんが、まだ出社していません)

⑤すでに帰宅したと伝える

I'm sorry — she's gone home for the day.

(申し訳ありませんが、きょうはもう帰宅いたしました)

交換手(operator)や受付係(receptionist)に、ある番号、または部署や個人の呼び出しを頼んだが応答がない。そんな場合は左のような答えが返ってくる。There's no answer. (誰も出ません)も同じ。The line is busy. (話し中です)ということもあるだろう。

この right は「ただちに／すぐに」の意味。She'll be back very soon ‹shortly›. でもよいが、口語では right back のほうが自然。なお、自分が電話の途中で相手を待たせるときには、I'll be right back. とか I'll be right with you. (少々お待ちください)という。

I'm sorry, but he's away from his desk at this moment. でもよい。いままでいたのに姿が見えない場合は、He has just stepped out. (今ちょうど席をはずしたところです)というとよい。そこにちょうど戻ってきたら、Oh, here he comes. (あ、来ました)という。

何時に出社するのかわかっているなら、I'm sorry, but he won't be *in* until ten this morning. (申し訳ありませんが、10時にならないと出社しません)などともいえる。この in はもちろん in the office のことだが、わかりきっているので in だけでよい。

She's gone. という現在完了形で「帰ってしまって今はここにいない」というニュアンスが出る。「外出したままきょうは戻りません」なら、She's gone for the day. といえる。返事は、OK, I'll try again tomorrow. (わかりました。また明日かけてみます)などとなる。

SECTION 4 取り次ぎたい相手がいないとき

⑥食事中だと伝える

I'm sorry, but he's out to lunch now.

(申し訳ありません。ただいま食事に出ております)

⑦来客中だと伝える

I'm sorry—she has a visitor right now.

(申し訳ありませんが、ただいま来客中です)

⑧手が離せないと伝える

I'm sorry—he's tied up at the moment.

(申し訳ありません。ただいま立て込んでおります)

⑨外出中だと伝える

I'm sorry—she's not in the office now.

(申し訳ありません。ただいま外出しております)

⑩欠勤だと伝える

I'm sorry—he's off today.

(申し訳ありません。本日は休みをいただいております)

CHAPTER 1 基本編

out to lunch は、文字通り「昼食に出かけた」という意味の決まり文句だ(最近は、この表現を「ボーッとして反応の鈍い」という意味で俗語的に使うこともある)。「休憩中です」なら、He's on a break now.、He's having ‹taking› a break now. ともいえる。

店や事務所で「接客中です」という場合は、I'm sorry—she's with a customer‹client› right now. という。物を買うのが目的の顧客は customer、弁護士などからサービスを受ける場合は client だ。会議中であれば、I'm sorry—she's in a meeting now. という。

He's busy. というと、相手の電話の用件よりも、その人が忙しい理由のほうが重要である、と主観的に判断しているようにも聞こえる。これに対して、He's tied up. は、本人の意志に反して電話に出ることができないというニュアンスを伝えることができる。

I'm sorry—she's out now. と、文字通り「外出しています」といってもよい。より詳しい情報を加えるのが適当な場合は、She's out doing ‹running› some errands. (お使いに出てます)などと説明してもよい。errands は「(銀行に行くなどの)用事や雑用」のこと。

he's off は「仕事から離れている (off)」=「休みです」ということ。get off work といえば、「仕事を離れる」=「会社を引ける」ということだ。その曜日はいつも休みの場合は、He's off Mondays. (月曜日は休みの日です)のように、説明的にいうこともできる。

SECTION 4 取り次ぎたい相手がいないとき

⑪病欠だと伝える

I'm sorry—she's sick today.

(申し訳ありません。本日は病気のため欠勤しております)

⑫出張中だと伝える

I'm sorry, but she's in Osaka on business.

(申し訳ありません。ただいま出張で大阪へ行っております)

⑬休暇中だと伝える

I'm sorry—he's on vacation.

(申し訳ありません。休暇をいただいております)

⑭転勤してしまったと伝える

I'm sorry, but he moved to our Osaka office.

(申し訳ありませんが、彼は大阪に転勤いたしました)

⑮退職したと伝える

I'm sorry—he's not with this company anymore.

(申し訳ありませんが、彼は退職いたしました)

普通はいちいち説明せずに、She's off today.（きょうは休みです）でも十分だ。「病気療養中」なら、She's on sick leave now.、「産休をとっています」も同じ文型で、She's on maternity leave now. という。「電話で病欠を知らせる」は call in sick だ。

どこに行っているのかをいわずに、She's out of town on business.（出張に出ております）といってもよい。海外出張の場合は out of town のかわりに、abroad や out of the country を使う。「出張で」は on a business trip ということもできる。

vacation は「長期休暇」のこと。「休暇をとる」は take a vacation だが、「１日休みをとる」は、take a day off という。いつまで休みなのかわかっている場合は、He's on vacation until next Monday.（来週の月曜まで休暇です）のように教えてあげると親切だ。

I'm sorry, but he was‹has been› transferred to our Osaka office. でもよい。「大阪支社」は our Osaka branch、「東京本社」は the headquarters‹main› office in Tokyo、「シカゴの海外営業所」は our overseas branch‹office› in Chicago などという。

I'm sorry—he's no longer with us. ともいえる。「先月退社しました」のように時期を述べる場合は、He *left* this company last month. と、leave を使うとよい。自ら辞めた (quit) とか、首になった (got fired) とか詳しいことはいわないのが常識だ。

SECTION 4 取り次ぎたい相手がいないとき

⑯まだ家に戻っていないと伝える

He hasn't come home from work.

(まだ会社から戻っていません)

⑰旅行中だと伝える

She's on a trip now.

(旅行中です)

⑱もう寝てしまったと伝える

He's gone to bed.

(もう寝ました)

⑲買い物に出ていると伝える

She's out doing some shopping right now.

(買い物に出ています)

⑳病気で寝ていると伝える

He's ill in bed.

(病気で寝ています)

CHAPTER 1 基本編

私宅への電話に答えるときの表現だ。He hasn't come home yet. も可。Do you have any idea when he'll get home? (何時にご帰宅されるかわかりますか) と聞かれたら、Probably around seven. (たぶん7時ごろだと思います) などと答える (p. 66㉑、p. 68㉖参照)。

ただ単に、She's out of town. (遠くに行っていて不在です) ともいえるし、状況が許せば、She's in Europe now. (ヨーロッパに行っています)、She went to Hawaii on vacation. (ハワイに遊びに行きました) と、行き先や目的を述べることもできる。

He's sleeping. (寝ています) ともいえる。入浴中だったり、トイレにこもりっきりなどというときは、はっきり事実を述べず、I'm sorry—he cannot come to the phone right now. (申し訳ありませんが、今ちょっと電話口に出られません) のように答えるとよい。

---

p.60の⑨でも述べたとおり、「お使い〈雑用〉で外出中です」という場合は、She's out doing some errands right now. となる。詳しく述べる必要がなかったり、適当な表現が浮かばなかったときは、She's not home right now. と簡単に述べるのが得策だ。

米語では特に、ill のかわりに sick を使うことが多いが、ill のほうがていねいな響きだ。「ちょっと具合が悪い」というのなら、He's not feeling well. といってもよい。「休んでいます」は、He's resting. や、He's just taking it easy. ともいえる。

SECTION 4　取り次ぎたい相手がいないとき

㉑戻る時間をたずねる

Do you have any idea when she'll be back?

(いつ頃戻られますか)

㉒いつ折り返し電話してもらえるかとたずねる

When can I expect his call?

(いつ折り返して電話していただけますか)

㉓急用であると告げる

It's urgent.

(急用です)

㉔連絡はとれないかとたずねる

Could you tell me where I can reach her?

(どこに連絡したらいいか教えていただけないでしょうか)

㉕誰かかわりの人はいないかとたずねる

Is there anyone else who can help me with this?

(他に誰かこの件で話を聞いてくれる人はいませんか)

Do you have any idea...? は、だいたいの予想をたずねるのによい表現だ。Do you know...? を使うと、はっきりした答えを求めている感じになってしまう。「いつも何時頃お帰りになりますか」は、What time does she usually come‹get› home? となる。

相手が不在で、取り次いだ者に I'll have him call you (back). (［折り返し］電話させます)といわれたら、このようにたずねてみよう。ここで、as soon as he gets home‹back› (帰り次第)との返事なら、上の㉑の文を使って、帰宅はいつごろになるのか聞いてみよう。

I need to talk to him right now. (今すぐ話す必要があります)といってもだめなら、せっぱ詰まった声でこういおう。もっと緊迫しているときは、This is an emergency. (緊急の用事です)という。話したい相手が寝ていたりしたら、こういってたたき起こそう。

話したい相手が、ポケットベル (beeper) や携帯電話 (mobile telephone) を持ち歩いている場合は、What is the number of her beeper? (彼女のポケベルは何番ですか)とか、Could you page her? (呼び出していただけますか)とたずねてみよう。

用件についてわかる人に電話をつないでもらうには、Would you connect ‹transfer› me to someone who could help me with this ‹in the Overseas Sales Department›? (誰かこの件で話を聞いてくれる人‹海外営業部の人›につないでくれませんか)と頼む。

SECTION 4　取り次ぎたい相手がいないとき

㉖何時頃戻るか教える

She'll be back around five o'clock.

（5時頃戻ると思います）

㉗いつ戻るかわからないと伝える

I'm sorry, but I'm not sure when she'll be back.

（申し訳ありませんが、いつ戻るかわかりかねます）

㉘新しい電話番号を教える

Could you please call 3987-6543? He's at that number now.

（3987-6543にかけていただけますか。彼のいまの電話番号です）

㉙連絡先を教える

Try 3678-9012. She should be there.

（3678-9012にかけてみてください。そこにいるはずです）

㉚かわりの者に電話を回す

Mr. Okada will take the call for her.

（岡田がかわってお話をうかがいます）

CHAPTER 1 基本編

戻る時間の予想がだいたいつく場合は、Probably around eight o'clock. (たぶん8時頃だと思います) のように答える(自信がないときは、Probably を強調する)。この around は (at) about とほぼ同義だが、口語では around が一般的。

これも、*p.* 66㉑のように、いつ戻るかたずねられたときの応答だ。まったく予想がつかない場合は、質問の Do you have any idea . . . ? を受けて、I'm sorry—I have no idea (when she'll be back). と答えることができる。

He's no longer at this number. (彼はもうこの番号にはおりません)といってから、His new number is 3987-6543. と教えることもできる。内線なら、I'll connect you to his new extension. (新しい内線におつなぎします)といってつないであげるのもよい。

これは、*p.* 66㉔のように連絡先をたずねられて、心当たりがある場合の返答だ。車に電話がついていて運転中と思われる場合は、Try her car phone. The number is 3678-9012. (車の電話にかけてみてください。番号は3678-9012です)のようにいってもよい。

for her は「彼女にかわって」という意味だ。日本語では、外部の人との会話の際、同僚を呼び捨てにするが、英語では、Mr.、Mrs.、Miss などは敬称というよりはタイトルに過ぎないので、同僚でも、Mr. Okada will . . . と、「タイトル+ラストネーム」を使う。

SKITS

SKIT 1 お電話くださるよう お伝えください。

Caller(C): Hello, this is Bruce Phillips. I'm calling for Ms. Tanaka in advertising.
Receiver(R): I'm sorry but she's in Osaka on business.
C: Do you have any idea when she'll be back?
R: Probably sometime tomorrow.
C: Can you ask her to call me? It's urgent.
R: Yes, I will, Mr. Phillips.

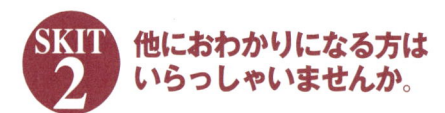

SKIT 2 他におわかりになる方は いらっしゃいませんか。

Caller(C): Hi. This is Jan Wise. Is Mr. Sasaki there?
Receiver(R): I'm sorry—he's not in the office now.
C: Do you have any idea when he'll be back?

SKIT 1
かけ手(C)：もしもし、ブルース・フィリップスです。広告担当の田中さんをお願いします。
受け手(R)：申し訳ありません、田中は出張で大阪におりますが。
C：いつお戻りになるかわかりますか。
R：あすには戻ると思います。
C：お電話くださるよう、お伝えいただけますか。緊急なんです。
R：はい、お伝えいたします、フィリップス様。

CHAPTER 1 基本編

R: He'll probably be back around 5:30.
C: I have a question about the Z-4800 computer. Is there anyone else who can help me?
R: I'll get Mr. Kanai for you.

SKIT 2

かけ手(C)：もしもし、ジャン・ワイズです。佐々木さんいますか。
受け手(R)：申し訳ありません、ただいま外出しております。
C：いつお戻りになるかわかりますか。
R：おそらく5時30分ごろだと思いますが。
C：Z-4800コンピュータについておうかがいしたいことがあるのですが。他におわかりになる方はいらっしゃいませんか。
R：金井を呼んでまいります。

SKIT 3 本日はもう帰宅いたしました。

Caller(C): Hello, this is Rick Gates. I'm returning a phone call from Carolyn Matthews.
Receiver(R): I'm sorry. She's gone home for the day.
C: Oh, no.
R: She'll be back at 9 a.m. tomorrow.
C: That's too late. Could you tell me where I can reach her?
R: I'm not supposed to give out her home phone number but if it's really important.
C: Yes, it is.
R: OK. It's 484-9701.
C: Thank you.

SKIT 3

かけ手(C)：もしもし、リック・ゲイツです。キャロライン・マシューさんにお電話いただいたのですが。
受け手(R)：申し訳ありません。本日はもう帰宅いたしました。
C：なんですって。
R：あすは9時に出社しますけど。
C：それじゃ遅いんですよ。どこで連絡が取れるか教えていただけませんか。
R：自宅の電話番号はお教えできないことになっているんですが、もしそれほど重要な件なのでしたら。
C：重要なんですよ。
R：わかりました。484-9701です。
C：どうも。

TELEPHONE BOOTH ④

電話に慣れているアメリカ人

　電話の発明者は、Alexander Graham Bell (1847-1922) という英国生まれのアメリカ人科学者だ。アメリカの電話会社には、Pacific Bell, New Jersey Bell のように、Bell という名前が使われているところが多いが、これは彼の名に由来する。

　やはり、電話発祥の歴史と伝統のせいだろうか、アメリカ人は電話の取り次ぎなどがテキパキしており、一般にたいへん慣れた感じだ。たとえば、家庭に電話がかかり、取り次ぐ相手がいない場合は、He's not home right now. Would you like to leave a message? (ただいま留守ですが、伝言をお残しになりますか)とか、I'm sorry—he hasn't come home yet. Shall I have him call you when he gets home? (申し訳ありませんが、まだ帰宅していません。帰りましたら電話させましょうか)といった答えが即座に返ってくることが多い。

　日本語であれば、「ただ今留守にしておりますが……」と余韻を残し、相手の出方を待つ。「ご伝言はございますか」と率先していうことはめったにない。たいてい、電話したほうが「では、お帰りになりましたら……とお伝えいただけますか」と頼むといったパターンが典型的だ。

　これは、一般的な文化の違いとしても取れよう。と同時に、いろいろな面から見て、アメリカには独特の「電話文化」が定着している、ということもできそうだ。

(高橋朋子)

SECTION 5

電話を終えるとき

CHAPTER 1 基本編

　電話というのは、相手の顔が見えないだけに難しいところがあります。たとえば、相手がどんな状態で話しているのか見えませんし、電話を終えたいと思っていても、それがうまくことばで伝わらない場合もあります。そんなときのためにも、「会話を終わらせる」表現をあらかじめ覚えておくことは、思っている以上に大切なことです。

　また、Call me again anytime.（またいつでもお電話ください）といった一言が、今後のつきあいに大切な前進をもたらすこともあるでしょう。個人的に親しい相手の場合、Say hello to everyone for me.（皆さんによろしく）とひと言付け足すことによって、一層親近感がわくこともあるでしょう。

　ここでは、このように、会話が終わりに近づいたな、と思ったらどんな表現を使うのが効果的かみていくことにしましょう。

SECTION 5 電話を終えるとき

①話を締めくくる(1)

Is there anything else I can do for you?

(何か他にございますか)

②話を締めくくる(2)

That's all I have to say for now.

(お話ししたかったのはこれだけです)

③伝言を約束する

Then I'll make sure he gets your message.

(では、伝言は間違いなく伝えます)

④礼をいう

Thank you for your trouble.

(お手数をおかけしました)

⑤いつでも電話をくれるようにいう

Call me again anytime.

(またいつでもお電話ください)

親しい相手なら、単に Is there anything else?(他に何かある?)、Is that all ‹it›?(それで全部?)と聞いてもよい。やや一方的だが、I'm sorry, but I'd better get going.(すみませんが、そろそろ失礼します)といって、締めくくりに入ることもできる。

Well, other than that, I don't have any other news.(こんなところで、他には新しい情報はありません)という表現もよい。よく知っている相手のときは、I'll let you go (back to your work) now.(仕事に戻ってください)といった表現もよく使われる。

これは、「彼が伝言を受け取ることを確認します」=「確かに伝言を伝えます」ということだ。折り返し電話させることを約束するのなら、I'll make sure he calls you (back) as soon as he gets back.(戻り次第必ず[折り返し]電話させます)のようにいう。

これは、相手が用件を処理してくれたことに感謝する表現だ。長時間話したり、迷惑をかけたことを謝るには、I'm sorry to have taken up so much of your time.(お時間を取らせてすみませんでした)とか、Sorry to have troubled you.(お手数をかけました)という。

④のようにいわれたら、Not at all.(いいえ、とんでもない)などと答えてから、このようにいうと印象がよい。相手に I'd like to talk more about this again.(また、このことでもっとお話がしたいです)といわれたときなども、こう答えるとよい。

SECTION 5　電話を終えるとき

⑥また会いたい

Hope to see you again soon.

(近いうちにまたお会いできるといいですね)

⑦よろしくいう

Please say hello to everyone for me.

(みなさんによろしくお伝えください)

⑧また電話するという

Well — I'll call you again later.

(では、またお電話します)

⑨電話の礼をいう

Thank you for calling.

(お電話ありがとうございました)

⑩話せてうれしかったという

Nice talking to you.

(お話しできてよかったです)

CHAPTER 1 基本編

こういった儀礼的なあいさつは、"How are you?" "Fine, thank you."と同じで、本気でそう思わなくても、口をついて出るようにすることが大切だ。Let's get together sometime. (いつかまた会いましょう)なども、儀礼的あいさつの典型だから覚えておこう。

親しい相手なら、Send my love to everyone. (みんなによろしく)ということも可能だ。また、相手の家族をよく知っている場合などは、Say hello to Mary. (メアリによろしく)とかSay hello to your folks. (家族のみんなによろしく)のような言い方ができる。

親しい相手の場合は、(I'll) Talk to you soon. (じゃ、また)とかI'll be in touch. (またね)といってもよい。また、I'll be thinking of you. は、直訳すれば「あなたのことを考えています」という意味になり、遠くにいる恋人や親しい友人に使うと効果的だ。

親しい相手なら、I'm glad you called. (電話してくれてうれしい)、Thanks for calling. (電話ありがとう)ともいえる。最後の締めくくりには、Bye now. (じゃ、さようなら)、Have a nice day. (ご機嫌よう)、Take care. など、いろいろな言い方がある。

It's been nice talking to you. といってもよい。相手にこういわれたら、Nice talking to you, too. とかSame here. (私もです)と返答するとよい。より親しげに、I've really enjoyed talking to you. (とても楽しかった)ということもできる。

SKITS

SKIT 1 お電話お待ちしています。

(Ms. Watanabe has put Mr. Endicott on hold to check on some information.)

Ms. Watanabe(W): Hello . . . Mr. Endicott?

Mr. Endicot(E): Yes—I'm still here.

W: Thank you for waiting. I can give you those figures now.

E: All right—shoot.

W: First, refrigerator production was 14,500 units.

E: . . . five hundred . . . got it. And total refrigerator sales?

W: Six hundred fifty million four hundred eighty thousand yen.

E: . . . eighty thousand . . . OK. Thank you very much for your trouble, Ms.Watanabe.

W: No trouble at all. Is there anything else I

SKIT 1

(渡辺さんは、情報をチェックするあいだ、エンディコットさんを電話で待たせている)
渡辺:もしもし、エンディコットさん?
エンディコット:はい、いますよ。
渡辺:お待たせいたしました。数字がわかりました。
エ:どうぞ。
渡辺:まず、冷蔵庫の生産個数は1万4500台です。
エ:……500……と。わかりました。で、冷蔵庫の総売上高は。
渡辺:6億5048万円です。
エ:……8万……よし。お手数をかけました、渡辺さん。
渡辺:かまいませんよ。他に何かお役に立てることはありませんか。
エ:実は、新しい冷蔵庫がほしいと思っているんですが。

CHAPTER 1 基本編

can do for you?
E: Actually, I could use a new refrigerator.
W: Well, I'd like to help, but I'm afraid Tachibana doesn't export refrigerators to the U.S.
E: (joking) I know—but they could send me one directly, couldn't they?
W: (joking) Of course, Mr. Endicott—if you don't mind paying the shipping charge. That should only be about $600.
E: I see. Well, I'll think about it and get back to you, Ms. Watanabe.
W: Certainly. I'll be looking forward to hearing from you.

SKIT 2 お電話、ありがとうございました。

(Mary and Diane have been chatting on the phone at their respective offices.)
Mary(M): So my brother Nick came over last

渡辺：そうですか、お力になりたいですが、でも、タチバナはアメリカに冷蔵庫を輸出していないのではないでしょうか。
エ：(冗談で)知ってますよ。私に直接1台送っていただけませんかね。
渡辺：(冗談で)もちろんです、エンディコットさん。送料をいただけるなら、ほんの600ドルほどですよ。
エ：そうですか。考えてからまた電話します、渡辺さん。

渡辺：かしこまりました。お電話お待ちしていますよ。

SKIT 2
(メアリーとダイアンはそれぞれのオフィスから電話でおしゃべりをしている)
メアリー(**M**)：それで、ニック兄さんが、きのうの夜、新しい彼女を連れて来たのよ。で、その名前がレティシャっていうの。

night and brought his new girlfriend—Laetitia.
Diane(D): Laetitia?! You're kidding.
M: No, that's really her name.
D: Is she, like, a southern belle or something?
M: Hardly. She's from New York and has a blue streak in her hair and—oh, Diane, I'd better go now.
D: Is the boss coming by?
M: Yeah, and I have to finish this report by four.
D: OK. I'll let you get back to your work.
M: I'll call you again later, OK?
D: Call me at home. I want to hear all about Laetitia.
M: (businesslike, to cover up) Certainly. And thank you so much for calling Taylor and Stern. Goodbye.

ダイアン(D)：レティシャ?! 冗談でしょ。
M：ほんとにそういう名前なの。
D：南部美人か何か？
M：ぜんぜん。ニューヨーク出身で、髪にブルーのメッシュをいれてて……あ、私もう切らなきゃ。
D：ボスがそばを通ったの？
M：うん。それに4時までにこの書類を仕上げないといけないし。
D：わかった。仕事に戻って。
M：後でまた電話していい？
D：家に電話して。レティシャのこと全部聞きたいわ。
M：(仕事のふりをして)かしこまりました。テイラー・アンド・スターンにお電話ありがとうございました。失礼いたします。

TELEPHONE BOOTH ❺

アメリカで静かなブーム：音の秘密兵器

　人と面と向かって話をしていて、早く切り上げたいときに使われる方法に「時計をチラッと見る」ストラテジーがある。不思議なもので、そのつもりでなくても時計を見ると、Oh, do you have to go?（もう行かなければなりませんか）とか、I won't keep you any longer.（これ以上はお邪魔しません）といった答えが返ってくることがよくある。それ程これは効果的な方法なのだ。

　しかし、電話だとこのジェスチャーは通用しない。やはり、「話を切り上げたい」旨をはっきりことばで伝えなければならない。そのための有効な表現は、本セクションで取り上げた通りだが、実は、こういった表現以外にも（または、こういった表現をより効果的にする？）方法がある――「音の秘密兵器」である。

　これは、「ドアベルの音」、「電話の音」、「客の来訪を告げる秘書の声（インターホン）」、「電話のザーザーいう雑音」などの音響効果を収めた機械で、ボタンを押せば、好みの音が出てくる仕組みだ。たとえば、「ドアベルの音」を数回鳴り響かせた後に、Oh, somebody's at the door. I have to go.（誰か来たようなので、この辺で失礼します）といって電話を終了する、といった具合だ。

　要するに「キッカケ作り」だが、何かおとなげない感じがしないでもない。こうまでしなくても、一応の手続きさえふめば、電話は終了できるはずなのだが……。

（高橋朋子）

SECTION 6

間違い電話を受けたとき

CHAPTER 1 基本編

　間違い電話というのは、受けたほうもかけたほうも気まずい思いをするものです。電話の英会話のスキルは、間違い電話のときに上手なやりとりができて初めて基本が完成する(?)、といっても過言ではありません。
　まず、自分のほうから間違い電話をかけてしまった場合には、それが本当に間違い電話なのかを一応確認することが必要です。そして、本当に間違い電話だった場合には、単に番号を間違ってダイヤルしたのか、それともメモしていた電話番号自体が間違っていたのかを、確認する必要が出てくるはずです。最後に、間違ってかけたことに相手がよい感じをもつように謝ることも大切な仕上げです。
　たとえお互いに知らない者同士とはいえ、「袖振り合うも多生の縁」というではありませんか。間違い電話とはいえ、人間として最小限の気配りを発揮したいところです。
　ここでは、間違い電話をかけたり、受けたりした場合の効果的なやりとりを見てみることにしましょう。

SECTION 6　間違い電話を受けたとき

①そういう者はいないという

There's no one here by that name.

(そういう名前の者はおりませんが)

②……宅ではないという

This isn't the Johnson residence.

(こちらはジョンソン宅ではありません)

③何番にかけたかをたずねる

What number are you trying to reach?

(何番におかけですか)

④自分の電話番号をいう

This is 123-4567.

(こちらは123-4567です)

⑤番号違いだという

I'm afraid you have the wrong number.

(番号をお間違えのようです)

May I talk to Mr. Taro Yagi? (八木太郎さんいらっしゃいますか)と聞かれたが、該当する人間がいない場合はこう答えよう。私宅にかかってきた間違い電話なら、I think you have the wrong number. (間違い電話のようです)と答えればよい(下記⑤参照)。

May I speak to Mr. Johnson? (ジョンソンさんはおいでですか)などと聞かれて、そういう人がいないときの答え。Is this the Johnson residence? (ジョンソンさんのお宅ですか)と聞かれたが違う場合は、No, it's not. (いいえ、違います)と答える(p. 88⑥参照)。

What's the number you're trying to reach? とたずねてもよい。相手が I'm trying to reach 3123-4561. (3123-4561にかけています)と答えて、それが自分の番号と違っていたら、You have the wrong number. (間違いです)といえばよい(下記⑤参照)。

③のようにたずねたら、相手がかけようとしている番号と最後の数字が違っていたといった場合は、This is 4567. と7を強調しながら間違いであることを告げることもできる。ただし、私宅などでは、プライバシーを守るため、自分の番号は教えないことが多い。

特に、私宅に間違い電話がかかった場合は、単に You have the wrong number. ということも多い。また、表現をやわらげるために、I'm afraid ... ではなく、*I think* you have the wrong number. のように I think ... を使うこともよくある。

SECTION 6　間違い電話を受けたとき

⑥本当に間違いかを確認する(1)

Isn't this the Johnson residence?

(ジョンソンさんのお宅ではないのですか)

⑦本当に間違いかを確認する(2)

Isn't this 132-4567?

(132-4567ではないのですか)

⑧間違い電話をかけたことを謝る(1)

I'm sorry—I have the wrong number.

(すみません。番号を間違えました)

⑨間違い電話をかけたことを謝る(2)

I'm sorry to have bothered you.

(ご迷惑をおかけしてすみません)

⑩謝罪のことばに答える

No problem.

(どういたしまして)

You have the wrong number. といわれたら、こう確認しよう。否定形の疑問文で「……ではないのですか？」と聞かれると、「はい、違います」という日本式の答えが浮かびがちだが、Yes, it's not. ではなく No, it's not. (いいえ、そうではありません)と答える。

⑥同様、否定形の疑問文だ。違う場合は、No, it's not. (いいえ、違います)という。番号は合っているが該当者がいない場合は、Yes, it is, but there is no one here by that name. (そうですが、そういう名前の者はおりません)と答える。(*p.* 86①参照)。

最初の声や、相手が名乗った名前で、明らかに自分が間違えたとわかったら、即座にこう謝ろう。かけ直したらまた同じ人が出たなどという場合は、I must have written down the wrong number. (間違った番号を書き留めてしまったようです)などといって謝ればよい。

電話というのは顔が見えないせいか、間違い電話をしておきながら謝らない人が結構多い。しかし、これはお互いに気分が悪いものだ。ひとこと Oh, I'm sorry. と愛想よくいうとかなり印象が違う。bother は「邪魔する／迷惑をかける」というほどの意味。

⑨のように謝られたら、こう快く返答したい。「どういたしまして」は、Thank you. に対しては You're welcome. または Not at all. (とんでもない)だが、謝られた場合は、No problem. (問題ありません／かまいません／いいとも)が適当だ(*p.* 76④、⑤参照)。

SKITS

SKIT 1 そういう名前の者はおりません。

Caller(C): Hello. Is Maurice there?
Receiver(R): Maurice? There's no one here by that name.
C: Isn't this 132-4567?
R: Yes, but there's no one named Maurice who lives here.
C: I'm sorry. I must have written down the wrong number.
R: No problem.

SKIT 2 番号をお間違えのようですが。

Caller(C): Hello, I'd like to order a large cheese pizza, please.
Receiver(R): I'm afraid you have the wrong

SKIT 1
かけ手(C)：もしもし、モーリスはいますか。
受け手(R)：モーリス？ そういう名前の者はいませんよ。
C：132-4567番じゃありませんか。
R：そうです。でもモーリスという名の者はここに住んでいる人間の中にはいませんけど。
C：すみません。きっと番号を間違えて書き留めたんです。
R：どういたしまして。

number.

C: Isn't this Uncle Charlie's Pizza House?

R: No.

C: Do you know the number for Uncle Charlie's Pizza House?

R: No, I don't. I suggest you look in the phone book.

SKIT 2

かけ手(C)：もしもし、チーズピザのラージお願いしたいんですけど。
受け手(R)：番号をお間違えのようですが。
C：アンクルチャーリーのピザハウスじゃないんですか。
R：ちがいます。
C：アンクルチャーリーのピザハウスの電話番号、ご存じですか。
R：知りません。電話帳で調べたらどうです。

SKIT 3 924-1166ではありませんか。

Caller(C): Can I talk to Stacey, please?

Receiver(R): I think you have the wrong number.

C: Come on. I know Stacey's there. Let me talk to her.

R: There's no one named Stacey here.

C: Isn't this 924-1166?

R: No. It isn't.

C: I'm sorry.

R: No problem.

SKIT 3

かけ手(C)：ステーシーお願いします。
受け手(R)：番号が違うと思いますが。
C：やめてくださいよ。ステーシーがそこにいるのはわかってるんだから。ステーシーを出してくださいよ。
R：ステーシーという者は、ここにはいません。
C：924-1166ではありませんか
R：ちがいます。
C：すみません。
R：どういたしまして。

TELEPHONE BOOTH ６

留守電メッセージのいろいろ

　留守番電話 (answering machine) のメッセージには、受信の際流れるメッセージ (outgoing message [OGM]) と、かけた人が残すメッセージ (incoming message [ICM]) の2種類がある。

　OGM には、なかなか工夫を凝らした例が多い。最近は、有名人の声の OGM 用テープを買うこともできる。だから、友人に電話したら、クリント・イーストウッドが留守電に出てきてビックリ、ということもありうる。

　一方、ICM のほうも、かけてきた人のパーソナリティーが感じられることが多く、なかなか興味深い。最近は、留守電がかなり定着してきたため、昔のように I don't like to speak to a machine. (機械に話しかけるのは苦手だわ)などという前置きをする人はいなくなった。むしろ、機械を人間扱いして(多少ふざけて、留守電に話しかけているような格好で)、Hi, there. Tell Paul that John called... (やあ、ジョンから電話があったとポールに伝えてくれ……)などといったメッセージを残す人もいるくらいだ(普通は、Hi, Paul. This is John... のようにポールに話しかけるところ)。

　ビジネスマンたちのメッセージというのも、けっこうおもしろい。たとえば、Gary Smith. ABC Enterprises. 123-4567. Regarding... (ABC 社のギャリー・スミス、[電話]123-4567。用件……)のように、まるで報告書のようなメッセージを残す人がいる。

　スタイルは様々だが、かけた人が残すメッセージは、

次のように、「自分の名前」「かけた日時」「用件」の最低3点を簡潔に告げるのが典型的のようだ。*e.g.* Hi, Mary. This is Jane. It's 3:30, Tuesday. I'd like to confirm our appointment for tomorrow. Give me a call when you get home. (メアリ、ジェーンだけど。いま火曜日の3時半。あしたの約束の確認をしたいので、帰ったら電話ちょうだい)。

　在宅中でも留守電にしておき、相手によって出たり、出なかったり、いわゆる call screening (文字通り、「電話をふるいにかける」こと。monitoring ともいう)をする人もいる。こういった相手には、Hi, John. It's Steve . . . Are you there? . . . [pause] I guess not. Why don't you give me a call . . . ? (ジョン、スティーブだけど……いるかい？[ちょっと待つ]いないみたいだな。じゃ、後で電話くれないか……)と、相手がいるのかどうか最初にチェックする人もいる。

　しかし、I know you're home. Why don't you pick up the phone? (家にいるのはわかっているのだから、電話に出なよ)といわれるようになったら要注意だ。友だちを失う前に、早く電話に出るよう心がけよう。

(高橋朋子)

CHAPTER 2
ビジネス編

CHAPTER 2

ビジネス編

　ビジネスにおける電話での応対には、決まった流れがあります。この流れさえつかんでおけば、知らない単語が多少あっても、また相手のいうことが逐一聞き取れなくても、仕事に大きな支障がでることはありません。

　この流れとは、企業の持っている電話応対マニュアルのような流れです。たとえば、海外旅行をしたことがある人なら経験があると思いますが、航空機のリコンファメーション（[予約の]再確認）を思い出してください。初めて航空会社にリコンファームをするときは、はたして相手のいうことがわかるだろうかと不安だったでしょう。また、実際初めてリコンファームしたときには単語がわからなかったり相手の質問の意味がわからなかったりという失敗をするかもしれません。相手がマニュアルにそって、速いテンポで次々と質問をしてくるのについていけないからです。

　しかし、二度目、あるいは三度目と慣れてくるにつれ、リコンファームのときにされる質問は何か、どんな順番で質問されるか、など相手のマニュアルがあらかじめ頭に入

っているので、それほど不安は感じなくなるはずです。
　このように多くのビジネス上の電話での会話は、マニュアルのもとに進められます。そのため、その国に長く住み、流れを熟知している人同士の会話は、非常にスムーズに運ぶわけです。
　しかし、一方が外国人でその流れの予測をまったくしないで話している場合は、基本的な簡単な質問ですらうまく伝わらないことがあります。これは、マニュアル通りに話しているほうに、「この質問は相手がすでに予測している質問だ」という先入観があるので、はっきりと発音しなかったり、早口で質問したりするからです。
　またマニュアルの作りようがない、より複雑なビジネス会話にも、ある程度定型があります。
　このCHAPTER 2「ビジネス編」は、そのような「背後を流れる筋書き」を自分のものにできるように構成されています。英語表現と同時に筋書きを頭に入れ、あらゆる場合に応用のきく会話能力を身につけてください。

SECTION 1

アポイントメントを取るとき

CHAPTER 2 ビジネス編

　海外出張を控えて、外国にいる相手とアポイントメントを取る場合は、ファックスで調整するのが一般的です。電話でアポイントメントを取ることはあまりありません。
　しかし日本国内で、あるいはすでに自分が外国にいるときに緊急にアポイントメントを取る場合は、電話のほうが便利です。日本での電話では外国人のお客さんからアポイントメントの申し込みを受ける電話が多いでしょうし、逆に出張中の場合は、こちらから申し込む場合が多いはずです。
　この SECTION では、アポイントメントを取る側、申し込みを受ける側の両サイドの表現を紹介しています。状況により、いろいろ重要な情報はありますが、基本的には、
　①自分の名前を正確に伝える／相手の名前を正確に聞き取る。
　②誰とのアポイントメントを希望しているのかを伝える／聞き取る。
　③アポイントメントの時間・場所が正確に伝わる、または聞き取れている。
以上の3つができていればビジネス電話英会話としては合格です。

SECTION 1　アポイントメントを取るとき

①秘書を通じてアポイントメントを取る(1)

I'd like to make an appointment with Mr. Hammer.

(ハマーさんにアポイントメントを取りたいのですが)

②秘書を通じてアポイントメントを取る(2)

Could I see Mr. Hammer sometime this week?

(今週中にハマーさんにお目にかかることはできますか)

③秘書を通じてアポイントメントを取る(3)

Would it be possible to see Mr. Hammer tomorrow?

(あすハマーさんにお目にかかることはできますか)

④秘書を通じてアポイントメントを取る(4)

What time is convenient for him?

(何時がご都合がよろしいですか)

⑤秘書を通じてアポイントメントを取る(5)

I'd like to have lunch with him tomorrow.

(あすの昼食をご一緒したいのですが)

原則として、ビジネス上のアポイントメントを取るときは、事前にファックスか手紙で会いたい理由を伝えておくべきだ。事前に書面で連絡していない場合には、... to discuss the contract（契約のご相談で）などと続けて、何の用件かをはっきりと伝える必要がある。

---

sometime this week で「今週中のいつか」という意味。スケジュールがつまっていたら、自分の都合に合わせて either on Wednesday or Thursday（水曜か木曜ならどちらでも）などと、はっきりと都合のよい時間を伝えよう。

こういえば、Does Mr. Hammer have time to meet with me tomorrow?（お時間がありますか）、If he does have time, may I meet him tomorrow?（お時間があれば会っていただけますか）という意味が含まれる。

What time is he available? でもよいが、convenient を使うほうが、ややていねいな感じがする。相手の都合に時間を合わせるだけの余裕がないときには I'm available at three o'clock.「私は3時があいています」といって相手の都合を聞いてみよう。

欧米のビジネスでは、a lunch meeting（昼食をとりながらの会談）が、よく催される。話がしやすく、個人的に親交を深めるよい機会にもなるというのがその理由で、ときにはたっぷり3時間ほども時間を取って行われることがある。

SECTION 1　アポイントメントを取るとき

⑥当人に申し込む(1)

If you have time, I'd like to meet with you today.

(お時間があれば、きょうお会いしたいのですが)

---

⑦当人に申し込む(2)

Could you spare me about half an hour?

(30分ほどお時間をいただけますか)

---

⑧当人に申し込む(3)

Could we get together at Kagamiya?

(香我美屋で会っていただけますか)

---

⑨当人に申し込む(4)

I was wondering if we could arrange a meeting to discuss the new product.

(新製品の件でお目にかかれないかと思いまして)

---

⑩当人に申し込む(5)

I'm calling about what we discussed the other day.

(先日、お話しした件でご連絡をさしあげました)

CHAPTER 2 ビジネス編

近いうちに会う約束があるのだが、どうしてもそれを早めてほしいというときにも、こういえる。こういわれて時間のないときは、I'm sorry, but I'm really tied up today. (すみませんが、きょうはふさがっています)などと答えればよい。

親しい相手に用いる表現だ。spare で「(物、時間など)をさく、わけてやる」という意味。申し込まれたほうは、都合がよければ Sure.、Okay. などと答える。都合が悪ければ、I'm afraid I can't. などと答えればよい。

---

get together (集まる、会う)も、くだけた言い方だ。待ち合わせなどで地名や店名を出すときは、それが話し手と聞き手の shared knowledge (共通の知識)であるかをよく考えること。日本に来たばかりの外国人に「ハチ公前」といってもわからないこともある。

第三者の紹介で電話をするときなど、会ったことのない相手に対しても使える表現だ。I was wondering if... という言い方には、形式ばらない感じのよさがある。Would it be possible to meet and discuss the new product? といってもよい。

以前に会ったときに話した用件で電話をするときに使える表現。電話を受けた側は、I've been waiting for your call. (お電話をお待ちしておりました)などと答えればよい。Let's get together. When can we meet to talk? (会いましょう。いつお目にかかれますか)などと続けられる。

SECTION 1　アポイントメントを取るとき

⑪用件をたずねる

What would you like to talk to me about?

(どのようなご用件でしょうか)

⑫承諾する

Sure.

(いいですよ)

⑬断わる

I don't think we have to meet on this subject.

(その件に関しては、お目にかかってお話しする必要はないと思います)

⑭代理の者が会うという

I'm afraid I can't, but Mr. Ishibashi will meet you instead.

(私は会えませんが、石橋がかわってお目にかかります)

⑮時間と場所を決めたいという

May I arrange the time and the place, please?

(時間と場所は、こちらで決めさせていただけますか)

Can I ask you what you want to discuss? といってもよい。会って話をする場合、用件をあらかじめ聞いておき、話し合いのcontext（前後関係、背景）を頭に入れておくと、交渉に対する準備がしやすいのはいうまでもない。

Certainly.（いいですとも）、Of course.（もちろん）など短い肯定の表現はいくつかある。大きな意味の違いはないが、同じ表現ばかり繰り返すと稚拙に聞こえる。同じ内容を表すのにも異なる種類の表現を用いて、知的な印象を与えよう。

見知らぬ人からのぶしつけな面会の申し込みや、売り込みの電話に対して、会う必要がないと思った場合には、左のようにいうか、It's probably not necessary to meet.（お目にかかる必要はないでしょう）などと明確にいわなくてはいけない。

I'm afraid I can't と最初にいうことによって、ていねいな感じを与えている。いきなり I'm too busy to meet you. といったのでは、相手をさして重要と思っていないような印象を与えかねない。

Do you mind if I set the time and location for our meeting? という言い方もできる。会う時間や場所も商談の成果に大きく影響するので、あらかじめ相手のスケジュールなどを確認したうえで、セッティングの主導権を握りたいというわけだ。

SECTION 1 アポイントメントを取るとき

⑯時間の都合をたずねる

When do you have free time?

(いつならお時間があいてますか)

⑰都合のよい時間を伝える

I'm free at three o'clock today.

(きょうの午後3時ならあいています)

⑱日時を提案する(1)

Can I see you Thursday at nine?

(木曜日の9時でいかがでしょう)

⑲日時と場所を提案する

If possible, why don't we meet in the hotel restaurant at nine tomorrow morning?

(もし可能なら、明朝9時にホテルのレストランでお目にかかりたいのですが)

⑳人数を伝える

I'd like to bring Mr. Honda and Ms. Sakai with me.

(本田と坂井を連れてうかがいたいのですが)

CHAPTER 2 ビジネス編

自分のスケジュールに余裕があって、相手に合わせられるときは、このように切りだすと、相手もやりやすい。When are you available? と聞いても同じ(*p.* 100④参照)。もちろん、仕事の話で free time といえば、休日や勤務時間外は除外される。

3時までは都合が悪いが、それ以降なら時間がとれるという意味。「(手が)あいている」は、available を使って、I'm *available* at three o'clock. といってもよい。「3時から4時まで」なら、from three o'clock until four のようにいえばよい。

こういって相手の都合が悪かった場合は、*p.* 108の㉓のように How about . . . ? を用いて調整しよう。I'll be free anytime between ten and three on Wednesday. (私は水曜の10時から3時ならあいています)と、相手に選択の幅をもたせると、より親切だ。

ホテルのレストランは、ビジネスや社交上の集まりによく利用される。そのままそこで打ち合わせもできるし、すぐ出るにしても簡単だからだ。「8時に着きます」なら、I'll be there at eight. などといえばよい。

連れていく人間の部署名をいいたいときには、I'd like to bring someone from the advertising division. などという。相手の知らない人物を連れて行くときは、当然、彼らがどのような立場の人間で、同席させることにどんな意味があるのかを、続いて説明しなくてはならない。

SECTION 1　アポイントメントを取るとき

㉑都合が悪いという

I'm sorry, but I'm really too busy today.

(すみませんが、きょうはとても忙しいのです)

㉒都合が悪いという

I'll be tied up the rest of the week, I'm afraid.

(今週はずっとふさがっています。すみませんね)

㉓代案を出す

How about next Monday instead?

(では、来週の月曜日ではどうですか)

㉔提案を了承する

That'd be fine with me.

(それでけっこうです)

㉕約束を確認する

Then I'll see you on Monday at ten.

(では、月曜日の10時にお会いしましょう)

忙しくて相手の希望に沿えないということを伝える表現は、相手の機嫌をそこねないようにしながら、はっきりとさせなくてはならないというむずかしさがあるので、*p.* 36 ⑫、*p.* 60 ⑧や、*p.* 104⑭、次の㉒も参照して、ニュアンスの違いを覚えよう。

---

be tied up は「忙しい」という意味の、ややくだけた表現。失礼にならず、温かみのある言い方となる(*p.* 60 ⑧参照)。I'm afraid は、このように文末に言い添えてもよい。My schedule is tight. でもいい。親しい人が相手なら、I'm swamped. ともいえる。

代案を提示するときには、このようにいえばよい。instead は「かわりに」という意味。How about . . . ? には、ややくだけたニュアンスがある。Is next Monday better for you? というと、よりあらたまった響きがある。

相手の提案を了承する返事だ。もちろん、いろいろな場面に応用できる。That will be fine with me.、That's okay with me. あるいは That sounds fine to me. などの言い方もできる。

会う日時が決まったら、必ずこのように確認しよう。もちろん、場所も含めて一度にきちんといってもよいが、このフレーズのようにいうと、相手が場所を確認することばを返してくれるだろう。see を使うと、meet よりも親しい感じになる。

SECTION 1　アポイントメントを取るとき

㉖後日、約束を確認する

I'm calling to confirm our appointment on Monday at ten o'clock in your office.

(アポイントメントの確認でお電話しているのですが、月曜日の10時に御社のオフィスということでしたね)

㉗時間どおり行くという

I'll be there right on time.

(時間どおりにうかがいます)

㉘時間を変更する

I'd like to make our appointment 15 minutes later.

(お約束を15分遅らせていただけますか)

㉙都合が悪くなったという

I'm afraid I can't meet you on the day we'd planned to get together.

(申し訳ありませんが、お約束の日は都合が悪くなりました)

㉚日をあらためたいという

Can we reschedule our appointment?

(日をあらためさせていただけますか)

CHAPTER 2 ビジネス編

約束の日が近くなって、あらためて確認の電話をするときには、このように切り出せばよい。I'm calling ... は「……について電話をしているのですが」という意味。英語らしいストレートな表現として使いこなしたい。

I'll be there. で「そこに行きます」、right on time は「時間ぴったりに」という意味。「今から社を出ますので、3時にはそちらに着くと思います」は I'm about to leave my office, so I think I'll be there by 3:00. という。

このような連絡をするときは、時間に追われている場合が多いと思われるので、取り次ぎの秘書に I'm just calling to change our appointment time to 15 minutes later. とだけ伝えておくこともできる。

I'm sorry, but it is not possible to meet you when we had planned. のようにいうこともできる。あるいは、最初に、Something urgent has come up. (緊急の用件ができました) (*p*. 112 ㉛参照) などといっておいて、左の文を続けるとよい。

アポイントメントがキャンセルになった場合は、自分の都合さえはっきりしているのであれば、即座に次のアポイントメントを積極的に取っておこう。Can I meet you tomorrow then? (では、あすはいかがですか) とこちらから時間も含めて提案してもよい。

SECTION 1 アポイントメントを取るとき

㉛急用のため行けなくなったという

Something urgent has come up.

(緊急事態が起きました)

㉜約束の時間に遅れそうだと連絡する(1)

I've just arrived at the airport.

(いま空港に着いたところです)

㉝約束の時間に遅れそうだと連絡する(2)

I'm sorry, but I'm going to be a little late for the appointment tonight.

(申し訳ありませんが、今晩のお約束に少し遅れそうです)

㉞約束の時間に遅れそうだと連絡する(3)

I just got out of a meeting, so I won't be there for another 20 minutes.

(たったいま会議が終わったばかりなので、そちらにうかがうのは20分後になってしまいます)

㉟待っているが来ないという

I've been here since the time we agreed upon, but he hasn't come yet.

(お約束の時間からお待ちしているのですが、まだお見えになりません)

CHAPTER 2 ビジネス編

urgent は「緊急の」という意味。come up（生ずる）は「予期せず起こった」という意味を含んでいる。There was an accident in our Saitama factory.（埼玉工場で事故が起きました）のように、できるかぎり具体的な理由を付け加えて誠意を見せたい。

「飛行機が遅れました」なら、I'm sorry, but the plane was late. となる。p. 110の㉘のように15分程度なら問題はないが、1時間、2時間と約束の時間に遅れたときは、言い訳になろうと理由を付け加えるべきである。

待ち合わせ場所に向かっている途中で、間に合いそうもない事態になったときなどに使える言い方だ。to be a little late（少し遅れる）は、30分以内がだいたいの目安だろうが、人によって感覚が違うので、誤解のないよう注意したい。

---

just got out of... で、「たったいま……を出てきたところ」の意。I won't be there for another ... minutes.（そちらにうかがうのは……分後になる）は覚えておくと便利。約束の時刻に遅れそうなときは、一刻も早く連絡を。

約束の時間を15分ほど過ぎても相手が現れない場合は、確認の電話を入れる必要がある。相手側は事情を説明してくれるか、調べようとしてくれるはずだ。「お約束の時間」は、the time we agreed upon という。「待っている」はI've been here. で表すことができる。

SKITS

SKIT 1 来週はいかがですか。

Caller(C): Hello, my name is Steve Rogers with Aerospace Industries. I'm calling to set up a meeting with Mr. Hammer.

Receiver(R): Yes, Mr. Rogers. Let me check Mr. Hammer's schedule. Let's see... He has an opening on Wednesday at ten.

C: I'll be tied up the rest of the week, I'm afraid. Could we make it next week instead?

SKIT 1

かけ手(C)：もしもし、エアロスペース工業のスティーヴ・ロジャースです。ハマーさんとお会いするお約束をしたくてお電話をおかけしたのですが。

受け手(R)：わかりました、ロジャースさん。ハマーのスケジュールをチェックさせてください。ええと……水曜日の10時ならあいております。

C：今週はずっと予定が詰まっているんですよ、申し訳ありませんが。来週はいかがですか。

R：よろしいですか。来週の月曜日、午前10時はいかがですか。

C：はい、けっこうです。

R：それでは、そういうことで。来週の月曜日、10時にお待ちしており

R: All right? How about next Monday at ten a.m.?

C: Yes. That would be much better.

R: Fine, then. We'll see you next Monday at ten.

SKIT 2 — お約束の確認でお電話したのですが。

Caller(C): Hello, Mr. Hammer. Jack Ross here. I'm calling to confirm our appointment on Monday at ten o'clock in your office.

Receiver(R): Yes. Everything's all set.

C: I'd like to bring Mr. Honda and Ms. Sakai with me.

R: We're supposed to be meeting alone.

C: I know, but I think they may add something valuable to the discussion.

R: Fine. But no one else, OK?

C: Yes, Mr. Hammer.

ます。

SKIT 2

かけ手(C)：もしもし、ハマーさん。ジャック・ロスです。月曜の10時にそちらのオフィスでお目にかかるお約束の確認でお電話したのですが。
受け手(R)：はい。準備万端ですよ。
C：本田と、坂井を連れてうかがいたいのですが。
R：私たちだけでお会いする予定でしたよね。
C：ですが、彼らから有益な話が聞けると思うんですよ。
R：わかりました。しかし、彼らだけにしてくださいよ、いいですね。
C：ええ、ハマーさん。

SKIT 3 きょうの3時ならあいていますよ。

Caller(C): Hello. Takeshi Ogawa here. Is Mr. Price in?
Receiver(R): Hello, Mr. Ogawa. Mark Price speaking. What can I do for you?
C: I'm calling about what we discussed the other day.
R: Oh, you must mean the new sales promotion plan.
C: That's right. Would you have some time to talk about it in more detail?
R: Well, I'm free at three o'clock today.
C: That's fine with me. I'll be there at three.

SKIT 4 そちらへ着くまであと20分くらいかかります。

Receiver(R): Good afternoon. Excel Industries.

SKIT 3
かけ手(C)：もしもし、小川武です。プライスさんはいらっしゃいますか。
受け手(R)：こんにちは、小川さん。プライスですよ。どんなご用件でしょう。
C：先日話し合ったことでお電話したんですが。
R：ああ、新しい販売促進計画についてですね。
C：そうです。もっと詳しくご相談するお時間はございませんか。
R：きょうの3時ならあいていますよ。
C：けっこうです。3時にそちらにおうかがいします。

Caller(C): Hello. This is John Beck. May I speak to Ms. Hanada?

R: Hi, John. This is Kyoko Hanada speaking. Where are you?

C: I'm sorry—the plane was late, and I've just arrived at the airport. I won't be there for another 20 minutes or so.

R: That's OK. I'll be here.

SKIT 4

受け手(R)：こんにちは、エクセル工業です。
かけ手(C)：もしもし、ジョン・ベックです。花田さんをお願いします。
R：あら、ジョン。花田京子です。どちらにいらっしゃるんですか。
C：ごめんなさい、飛行機が遅れていま空港に着いたところなんですよ。そちらに着くまであと20分くらいかかります。
R：大丈夫ですよ。待っています。

TELEPHONE BOOTH ⑦

留守番電話以外の録音メッセージ

　アポイントメントを取ろうとしても、オフィスの個人用の電話番号がわからないときは、会社の代表番号に電話をするしかない。そのとき録音で次のようなメッセージが入っていることがある。

　Thank you for calling ABC Corporation. All of our agents are busy now. An agent will be with you in a moment.（ABC社にお電話ありがとうございます。ただいま、全職員の手がふさがっております。まもなくおつなぎいたします）

　録音状態があまりよくなくて、何をいっているか聞き取りにくい場合もあるが、たいていの場合は同じような内容なので、しばらく待っていればつながる。

　また最近は、航空会社の予約や問い合わせでは、電話のボタン操作によって希望する部署とつながるシステムがある。たとえば、If you want to reconfirm your flight, please press 1. If you want to make a reservation, please press 2.（ご予約の再確認の方は1を押してください。ご予約の方は2を押してください）というような録音だ。到着時間の問い合わせにしても、ダイヤルでフライトナンバーを押すだけで正確な情報が流れてくるという具合だ。

出張先のホテルにメッセージ

　出張中滞在しているホテルに留守中にアポイントメントの電話が入ることがある。

これは筆者が、つい最近アメリカでフロントデスクから受けたメッセージだ。『エバンスビル・クーリエ』紙のデイブ・ドゥイット氏からで、折り返し電話をしてみると、5時にフロントで会いたいというアポイントメントの申し込みだった。
　あなたの部屋のメッセージランプが点灯していたら、このようなメッセージが残っているかもしれない。

（田中宏昌）

SECTION 2

場所・道順を たずねるとき

CHAPTER 2 ビジネス編

　海外に関係のない業務をしていても、道順の問い合わせに答えなければならない場合というのは誰にでもあります。海外で知らない場所にいるときは、道順をたずねることも避けられません。
　実際に路上を歩いている人に教えたり、たずねたりすることは、地図などの助けを借りればそれほどむずかしくはありませんが、電話での道順の説明は、おたがいに共有している知識が少ないだけに面倒です。
　道順を教えるのは、外部からの問い合わせに答えて自分の会社への道順を教える場合が多いと思いますが、あらかじめ駅からの説明の仕方を準備しておいて、定型の説明を頭に入れておくのが一番安心な対応方法です。
　道順をたずねる場合は、海外など見知らぬ土地での場合が多いと思います。この場合は、あらかじめたずねる地域の地図を手元に置くなどの準備をしてから電話をすると簡単です。外国では、住所から簡単に場所を見つけ出すことができるので、電話で住所をたずねるのもひとつの方法です。

SECTION 2　場所・道順をたずねるとき

①行き方をたずねる

How do I get to your office?

(そちらのオフィスへはどう行けばよいのですか)

②どの交通手段で来るのかをたずねる

Will you be coming by train or car?

(電車でいらっしゃいますか、お車でいらっしゃいますか)

③地理を知っているかどうかをたずねる

Do you know this area?

(このあたりの地理はご存じですか)

④およその場所を教える

Our office is near Eifuku-cho Station on the Inokashira Line.

(私どものオフィスは井の頭線の永福町駅の近くです)

⑤道順を教える(1)

Take the Inokashira Line from Shibuya to Eifuku-cho.

(渋谷で井の頭線に乗って、永福町まで来てください)

オフィスへの行き方をたずねるには、What's the closest station?（最寄りの駅は何ですか）、What is the name of the street?（通りの名前は何といいますか）、What does your office look like?（どんな外観のオフィスですか）、などの質問が有効。

アメリカでも大都市は駐車場難のところが多く、車の場合、There's not much parking space. Please use the parking lot two blocks over on F Street.（駐車スペースが少ないので、2ブロック行ったF通りの駐車場をお使いください）などといわれることもある。

Are you familiar with this area?（このあたりはお詳しいですか）と聞いてもよい。逆に、こちらからたずねる場合は、Are there any landmarks close to your office?（何か目印になる建物はありますか）などとたずねて、目印を教えてもらうとよい。

地下鉄の場合は、You should go out exit A3.（A3の出口を出てください）のように最寄りの出口を伝えておく必要がある。外国人には日本の鉄道、地下鉄の利用はかなりむずかしいようなので、タクシーに乗ってくるようにすすめたほうがよい場合が多い。

相手がその土地に不案内ならば、You should take the Inokashira Line from Shibuya Station to Eifuku-cho Station. というように、「渋谷」、「永福町」が駅の名前だとはっきりわかるようにいって、路線名や駅名のつづりを教えてあげるとよい。

SECTION 2　場所・道順をたずねるとき

⑥道順を教える(2)

Cross the railroad tracks and turn right at the first corner.

(踏切を渡って、最初の角を右に曲がってください)

⑦道順を教える(3)

Follow the railroad tracks about 100 meters.

(線路に沿って100メートルほど行ってください)

⑧道順を教える(4)

You'll see a four-story building on your left.

(左手に4階建ての建物が見えます)

⑨道順を教える(5)

You can't miss it.

(すぐわかります)

⑩地図をファックスするという

I'll fax you a map showing how to get to our office from the station.

(駅から私どものオフィスまでの地図をファックスします)

CHAPTER 2 ビジネス編

---

cross the railroad tracks は、陸橋などを渡って線路を越えるときにも使える。日本の道路は欧米の市街地と異なり、碁盤状に区画が整理されていないので、電話では blocks（区画）より traffic lights（交通信号）などの目印を利用したほうが案内しやすい。

「(道などを)たどる」は follow を使う。国によって mileage/metric（マイル法・メートル法）の違いがあるので、It won't take you more than two minutes.（2分とはかからないでしょう）のように時間も伝えたほうが、相手は距離感をつかみやすい。

There will be a four-story building on your left. といってもよい。story は「(建物の)階」という意味。「前方に」は in front、「……のとなりに」は next to...、「……の向かい側に」は across the street from... のようにいう。

You are sure to notice it! といってもよい。「見つけにくいかもしれません」なら、You might not notice it. あるいは It may be difficult to find it. などといえばよい。

---

fax は、もちろん facsimile（ファクシミリ）の略だが、「ファックスで送る」という意味の動詞として使える。fax を名詞として用いて、I'll send you a *fax* which shows the route from the station to our office. という言い方もできる。

SKITS

SKIT 1 そちらへはどうやって行けばいいんだい。

(Ralph and Kenji have known each other for some time through work. Ralph is going to visit Kenji's office for the first time.)

Kenji(K): So you're coming to our office tomorrow at two, right?

Ralph(R): Right. How do I get there?

K: Will you be coming by train or taxi?

R: By train.

K: Well, our office is near Eifuku-cho Station, on the Inokashira Line.

R: ... Eifuku-cho ... Inokashira Line ... OK.

K: Take the Inokashira Line from Shibuya Station to Eifuku-cho Station.

R: Shibuya ... OK.

K: There's only one exit at Eifuku-cho Station. When you go out, cross the railroad tracks and

---

SKIT 1

(ラルフと健二は仕事をとおして長いつきあいがある。ラルフは初めて健二の会社を訪れることになった)
健二(K)：では、あしたの2時に私の会社に来てくれるんだね。
ラルフ(R)：そう。そちらへはどうやって行けばいいんだい。
K：電車で来るの、それともタクシー？
R：電車で行くよ。
K：井の頭線の永福町駅の近くなんだ。
R：永福町、井の頭線、わかった。
K：渋谷駅から井の頭線に乗って。
R：渋谷ね、わかった。
K：永福町駅には出口はひとつしかない。駅を出たら、踏切を渡って最初の角を右に曲がるんだ。

CHAPTER 2 ビジネス編

turn right at the first corner.

R: ... Railroad tracks ... turn right ... OK.

K: Follow the railroad tracks for about 100 meters. You'll see a four-story building on your left.

R: 100 meters ... four-story building ... OK.

K: It's a white building. You can't miss it. I'm on the second floor.

R: Got it. See you tomorrow at two.

K: I'll be expecting you.

SKIT 2 このあたりはよくご存じですか。

(Mr. Johnson is asking how to get to Mr. Uchida's office.)

Mr. Johnson(J): So we'll meet at your office this Friday.

Mr. Uchida(U): OK. Are you familiar with this area?

R：踏切、右に曲がる、はい。
K：線路沿いを100メートルほど歩くと、左に4階建てのビルが見える。
R：100メートル、4階建てのビル……。
K：白いビルだよ。すぐわかる。僕はそのビルの2階にいるよ。
R：わかった。じゃああすの2時に。
K：待ってるよ。

SKIT 2

(ジョンソン氏は内田氏の会社への行き方をたずねている)
ジョンソン(J)：では、金曜日にそちらの会社でお会いしましょう。
内田(U)：わかりました。このあたりはよくご存じですか。
J：いいえ。どうやって行くか、教えていただけますか。車で行くので

J: No, I'm not. Can you tell me how to get there? I'll be driving.

U: Oh, I'm sorry, but there's nowhere to park around here. You should take the Yamanote Line, or a taxi. Our office is near Shibuya Station on the Yamanote Line.

J: Well, I'll take a taxi. Are there any landmarks near your building?

U: Not really. It may be difficult to find. I'll fax you a map with directions.

J: Thank you.

すが。
U：すみませんが、駐車する場所がないんです。山手線かタクシーをお使いください。私どもの会社は山手線の渋谷駅のそばですから。
J：わかりました。タクシーで行きましょう。会社のそばには何か目印になるものがありますか。
U：そうですね……見つけにくいかもしれませんね。道順を描いた地図をファックスでお送りしましょう。
J：ありがとうございます。

TELEPHONE BOOTH 8

なかには電話のヘタな西欧人もいる

　西欧人でも全員が、効果的に電話を使っているとは限らない。

　たとえば、自分の名前を名乗らずにいきなり "May I talk to Mr. Yamagishi?" といってきて、山岸さんが外出中ということを告げると、そのまま切ってしまうなどということがある。あまりにも一方的なペースなので、つい相手の名前も連絡先も聞きそびれてしまう。

　このように、外国人が電話をしてきたとき、必ずしもその人がマニュアルどおりにはっきり自分の名前を名乗るとは限らない。必ず相手の名前と会社の名前を確認するのを忘れないようにしよう。

　留守中に電話をもらった人が一番困るのは、「英語の電話が入りましたが、名前は聞きませんでした」という連絡を受けたときだ。これでは、対応のしようがない。

　また、せっかく相手が名前を名乗っても、はっきり聞きとれずに「ジョージなんとかさんから電話でした」という連絡も困る。メッセージを受けるにはちょっと英語に自信がないという人でも、最小限、相手の名前と電話番号だけは確実に連絡できるようにしよう。

　しかし英語の名前を一度で聞きとるのはむずかしい。名前のスペルをまずたずねるようにしよう。これがビジネス英語の基礎中の基礎だ。逆に日本人の名前は外国人にとっては聞きとりにくいので、自分の名前を相手に伝えるときは、名前を発音した後にスペルを忘れずにつけ加えよう。

（田中宏昌）

SECTION 3

問い合わせをするとき

CHAPTER 2 ビジネス編

　海外で雑誌や新聞を見ていると、広告に大きく電話番号がのっています。いつでも商品についての問い合わせや試供品の送付依頼ができるようになっているのです。

　特に国土の広いアメリカ、カナダ、オースラリアなどはクレジットカードの普及が進んでいることもあり、電話でクレジットカード番号を伝えるだけで買い物ができる通信販売 (telemarketing) がさかんです。

　情報を集めたいときも電話を活用すれば、かなり効率をあげることができます。「電話の英語は難しいから」と考えずに積極的に電話を利用してみてください。

　カタログや試供品の請求では、相手側はマニュアルにそって対応をするはずですので、相手の聞いてくる内容とこちらが伝えるべき内容をあらかじめ準備しておけば、意外に簡単なはずです。

　商品の在庫や納期に関する問い合わせは、一方的にたずねるだけでなく、こちらの組織や意向などをまず相手に説明しないと、満足のいく答えを得られない場合もあります。

　このSECTIONの表現をうまく組み立ててコミュニケーションのためのストラテジーを考えてみましょう。

SECTION 3　問い合わせをするとき

①カタログの送付を希望する

Please send us your catalogue.

(カタログを送ってください)

②会社案内の送付を希望する

Could you send me a brochure about your company?

(御社の会社案内を送っていただけますか)

③商品について問い合わせる(1)

I'm interested in the new software you advertised.

(広告に出ていた新しいソフトウエアについてうかがいたいのですが)

④商品について問い合わせる(2)

I'm calling to get some information about your new computer, the PC100.

(御社の新しいコンピュータ、PC100について知りたいのですが)

⑤値段をたずねる

Could you tell me how much it costs?

(価格はいかほどですか)

このような電話をかけてきた人は見込み客(a promising customer)だ。左のようにいわれたら、さっそく Would you tell me your name and mailing address? And your (phone) number, please? のように氏名、住所、電話番号をたずねるのが普通。

どこでその会社のことを知ったか、何のために会社案内が必要なのかを、同時に伝えるのが普通。あるいは、左のようにいうと、Can you tell me why you became interested in our company? (どういうことで私どもに関心をお持ちですか)などとたずねられるだろう。

The new software you advertised seems interesting. といってもよい。be interested in はかなり強い関心を表すので、あまり相手に期待を持たせたくないときは、同じ意味でも軽いニュアンスの、I'm curious about . . . という表現がよい。

I'd like some information on your new computer, the PC100. あるいは、I'd like to talk to someone about your new computer, the PC100. (新しいコンピュータのPC100についておわかりになる方とお話したいのですが)という言い方もできる。

How much is it? よりもていねいで、プロらしい響きのある言い方だ。I want to buy a dozen. (1ダース買いたい)などといってから左のようにいえば、値段の交渉の表現としても使える。第三世界での価格交渉は、強気な姿勢が必要な場合が多い。

SECTION 3 問い合わせをするとき

⑥カタログを送るという

I'll send you our English-language catalogue immediately.

(さっそく英語版のカタログをお送りします)

⑦パンフレットを送るという

I'll send you the brochure right away.

(すぐにパンフレットをお送りいたします)

⑧サンプルを送るという

Shall I send you a free sample?

(無料サンプルをお送りいたしましょうか)

⑨送り先をたずねる

Would you please tell me where to send it?

(どちらにお送りすればよろしいですか)

⑩担当者に折り返し電話させるという

I'll ask someone who can answer your question to call you back.

(お答えできる者に折り返し電話させます)

immediately（すぐに）というと、相手は少なくともその日のうちに発送されると思うはずだ。You'll get it by Friday.（金曜日までにはお手元に届くと思います）などと、相手の手元に届く日を付け加えると、より親切だ。

right away は immediately、at once と同じく「すぐに、ただちに」という意味。We'll send you . . . ではなく I'll send you . . . というと、誰かに送らせるのではなく、その人自身が送りますということになる。

I'd like to send you a free sample. といってもよい。p. 132の①のようなカタログの問い合わせがあった場合、依頼がなくても sample あるいは promotional video（宣伝用ビデオ）を送るよう、マニュアルによって受付担当者を教育している会社が多い。

Would you . . . ?、Please . . . でもよいが、Would you please . . . ? とすると、「恐縮ですが」という感じが出る。Excuse me, I'd like to confirm your mailing address.（失礼ですが、お送り先を確認させていただきます）という言い方も、ていねいでよい。

「お答えできる者」は、someone who can answer your question。Let me ask someone who knows the answer to that question better than I do and I'll have him call you back.（私よりも詳しい者に申し伝えて電話させますが）といってもよい。

SECTION 3　問い合わせをするとき

⑪どこで商品を買えるかたずねる

Where can I buy your products?

(御社の製品はどこで買えますか)

⑫事業規模をたずねる

May I ask how big your territory is?

(御社の事業規模はどれくらいでしょうか)

⑬担当者が誰かたずねる

Please tell me who is in charge of purchasing.

(購買のご担当の方を教えてください)

⑭求人についてたずねる

Is the sales assistant position still open?

(営業アシスタントはまだ募集中ですか)

⑮業務内容についてたずねる

I'd like to know about the services your company provides.

(御社でできるサービスについてうかがいたいのですが)

アメリカでは国土の広さ、流通システムの違いから、かならずしも希望する商品が地元で購入できるとはかぎらない。そのため、通信販売のシステムをとる商品も多い。通信販売商品ではない場合は、このような問い合わせへの答えが用意してあるはずだ。

May I ask . . . ? には、「さしつかえなければ教えていただけませんか」というニュアンスがある。ぶしつけにならずに、相手についてたずねることのできる表現だ。ビジネスの会話では、your は「あなたの会社は」という意味で使える。答え方は p. 138の⑯を参照。

会社により、組織の構成や、部署名、役職名は異なるのが普通だから、左のようなたずね方をするのが無難だ。わかっていれば、Who is the director of the Purchasing Department? (購買部の部長さんはどなたですか) といってもよい。答え方は p. 138の⑰を参照。

---

be open はここでは「仕事の口に空きがある」という意味。Are you still looking for a sales assistant? のようにいってもよい。続けて I'd like to apply for the position. (その職務に応募したいのですが) などといえば、こちらの意図は100％伝わる。

---

provide は「与える、供給(提供)する」という意味。動詞として使う場合は、provide +「人」with「物」となる。日本語の「サービス」には無償で行うという意味が含まれるが、英語の services は有料である点に注意しよう。

SECTION 3 問い合わせをするとき

⑯事業規模についていう

We have ten branches and three subsidiaries in our territory.

(私どもには事業所が10カ所と支社が3カ所あります)

⑰担当者が誰か伝える

Mr. Koyama is in charge of purchasing. Shall I put you through?

(購買担当は小山です。おつなぎしますか)

⑱求職者に身上書を送るようにいう

Please send your résumé to Ms. Sawada in the Personnel Department.

(人事部の沢田まで身上書をお送りください)

⑲会社について自己紹介する

We're a Melvin Group company.

(私どもはメルビン・グループの一員です)

⑳問い合わせに対して礼をいう

Thank you for your inquiry.

(お問い合わせありがとうございました)

CHAPTER 2 ビジネス編

会社の事業規模を説明する場合は、極力具体的な数値で説明したい。We have more than 100 sales outlets. (100を越える販売代理店があります)より、We have 106 sales outlets. (106の販売代理店があります)というほうが、はるかにプロらしく聞こえる。

Shall I put you through? は Would you like me to connect you with him? よりもさらにていねいな言い方だ。Shall I . . . ? という疑問のかたちにせずに I'll put you through. (おつなぎします)といって電話を回してしまってもよい。

電話で求職(job application)の問い合わせを受けた場合(p. 136 ⑭参照)は、この表現を使って、とにかく résumé (身上書)などの書面で人事担当者に申し入れるよう伝えるのが普通。人事の personnel は personal (個人の)と混同しやすいので注意しよう。

企業グループは、英語でも . . . group という。しかし、日本の企業グループのようなコングロマリット(巨大複合企業)はアメリカでは禁止されているので、日本の系列などとは少し異なる。

問い合わせを受けた後には、Would there be anything else that you want to ask? (他に何かございませんか)と付け加えると、よい印象を与える。これは多くの企業の電話マニュアルに入っている。そして最後に左のようなお礼のことばを続ける。

SECTION 3　問い合わせをするとき

①在庫の有無をたずねる(1)

Do you have any KK-100 copiers in stock?

(KK-100型のコピー機の在庫はありますか)

②在庫の有無をたずねる(2)

When will you know if you have that product in stock?

(在庫の有無はいつわかりますか)

③納期をたずねる(1)

How long will it take for the merchandise to arrive?

(商品が届くまでどのくらいかかりますか)

④納期をたずねる(2)

Can I receive that shipment by the end of September?

(9月末までに着きますか)

⑤必要な数量をたずねる

How many would you like?

(いくつご入用ですか)

have ... in stock で「……の在庫がある」という意味。
We'd like to order ten KK-100 copiers. Do you *have* ten of them *in stock*? (KK-100型コピー機を10台注文したいのですが、在庫はありますか)のように、何台ほしいかを先にいってからたずねてもよい。

When will you know ...? で、「わかりしだい知らせてほしい」という意味が含まれる。時間がかかることもあるので、Could you tell me by tomorrow? (あすまでにわかりませんか)などと期日を区切って依頼をするのもよいだろう。

When do you think the *merchandise* will arrive? といってもよい。merchandise は「商品、製品」の意味で集合的に用いるので、複数形にはならない。答えは、It will take... を使って *It will take* a week. (1週間かかります)などとなる。

---

shipment は「積み荷、積み込み」の意味で、船便に限らず用いられる。納期の変更が不可能な場合は、I don't think it's possible for the shipment to arrive by that day. (その日に着くのは無理です)とはっきり伝える必要がある。

単刀直入な聞き方だが、礼儀正しく、どんな顧客に対しても使えるフレーズだ。商品の数え方としては、products、items よりも units をよく使う。したがって、How many *units* would you like? という聞き方もできる。

SECTION 3 問い合わせをするとき

⑥在庫数を答える

We have ten in stock.

(10台、在庫がございます)

⑦在庫を確認するという

I'll call the warehouse and ask if there are any in stock.

(倉庫に問い合わせて在庫を確認します)

⑧在庫がないという

I'm sorry, but that product is out of stock at the moment.

(申し訳ありませんが、ただいま在庫を切らしております)

⑨生産を打ち切ったという

I'm afraid we no longer make that.

(すみませんが、あの製品は生産を打ち切りました)

⑩納期を伝える

It'll take about two weeks for them to get there.

(納品までに2週間ほどかかります)

CHAPTER 2 ビジネス編

Do you have ten of them in stock? (その商品は10台在庫がありますか)と聞かれて、在庫が5台しかないという場合には、I'm afraid we have only five in stock. (あいにく、5台しかございません)のように答える。

Let me call the warehouse. という言い方もある。こういう場合には、いったん切って折り返し連絡するほうがよい。そして、I'll let you know in 15 minutes. (15分後にはお知らせします)のように、はっきりと時間を区切るとなお親切だ。

out of stock で「品切れで、在庫がなくて」という意味。このようにいわれたら、When will the product be available? (いつ入荷しますか)、または When can I get the product? (いつ入手できますか)という質問を続けることになる。

多くの場合、これで会話を打ち切ることはない。生産を中止した場合は、たいていその代替品あるいは新製品があるので、Why don't you consider our new line? (新製品はいかがですか)のように別の製品をすすめるのが普通だ。

about two weeks (2週間ほど)というと、10日から16日の間が普通だろう。納期が長いといったような、相手が不利になる部分は、最後に付け加えることがある。注文する側は、話を最後までよく聞いて、不都合な部分があれば、交渉を振り出しに戻すことも必要だ。

SECTION 3　問い合わせをするとき

⑪値引きの交渉をする(1)

Is this your best price?

(これがぎりぎりの価格ですか)

⑫値引きの交渉をする(2)

Can you make it a little cheaper?

(もう少し安くなりませんか)

⑬支払い条件についてたずねる

What are the terms of payment?

(支払い条件はどのようになっていますか)

⑭回答を保留する(1)

Could you give us a couple of days to think it over?

(2、3日検討させていただけますか)

⑮回答を保留する(2)

We'd like to call you back tomorrow about the discount.

(値引きに関しては、あす折り返しお電話さしあげたいと思うのですが)

best price は、「最大限安くした価格」という意味。「もっと安くしてほしい」ということも、このようにいうと、洗練されたプロフェッショナルな感じになる。また、このフレーズは、個人でも高額なものを買うときなどに使える。

上の⑪に比べると、直接的すぎて仕事に不慣れな感じに響く表現だ。しかし、「いままで高すぎる値で買っていたようなので、今回はひきさがれない」といった、特にはっきり相手に主張したい理由のあるときには、このようにいうのもよい。

買い手がよほど信用のある場合以外は、支払い期日が商品到着後となることはない。売り手が代金を確実に回収したいときは、Letter of Credit (L/C)（信用状）を買い手の取引銀行から入手することになるだろう。

「検討する」は英語では think ... over という。Do you mind giving us some time to *think* this *over* before we give you a full answer?（ご返事をさしあげるのに、しばらくお時間をいただけませんでしょうか）のような言い方もできる。

---

call back してあらためて返事をするときは、later や again ではなく、first thing tomorrow「明日の朝一番で」、in an hour「1時間以内に」のように時間をはっきり伝えることばを使いたい。

SECTION 3　問い合わせをするとき

⑯見積もり金額をたずねる

Please give us a quote as soon as possible.

(至急、見積もり金額をご連絡ください)

⑰これ以上は安くならないという(1)

This is our best price.

(これがぎりぎりの価格です)

⑱これ以上は安くならないという(2)

Fifty dollars is our limit.

(50ドルが限度です)

⑲支払い条件をいう(1)

Payment is due within 60 days of the invoice date.

(お支払いはインボイスの日付から60日以内にお願いします)

⑳支払い条件をいう(2)

We ask for a five-percent down payment.

(5％の前払い金をいただきます)

CHAPTER 2　ビジネス編

書面の見積書を要求するときは、We need that information in writing.（それについて書面が必要です）、Could you put that in writing for us?（書面にしていただけますか）などといえばよい（p. 180 ⑤参照）。

What is the discount on 1,000?（1,000個だったらどれくらい値引きしてもらえますか）のように、条件を出してくる場合があるが、もうこれ以上安くならないと断言するときには、こういえばよい。I'm afraid we can't go any lower. という表現もできる。

この表現は、買い手（buyer）の側からは50ドルの買値が最高であるという意味になり、売り手（seller）の側からは50ドルより安くはできないという意味で使える。決定的な言い方だが、声のトーンによっては交渉の余地を残す意味あいを持つ。あきらめないこと。

be due で「支払うことになっている」という意味。「支払い期日」は the due date という。このような交渉は、かならず書面で確認される。支払い条件、出荷時期、納期、仕様など、取り引きの成立までには、さまざまな条件を考慮することが必要だ。

「頭金、手付け金」は down payment という。手付け金が必要な場合、売り手はその入金を確認（verify receipt of payment）してから商品を発送（ship the merchandise）するのが普通だ。

SKITS

SKIT 1 そちらの新製品のことで電話したんですが。

Receiver(R): Ace Computers. How may I help you?
Caller(C): I'm calling about your new product.
R: Oh, you must mean the X-13.
C: No, not that. I'm interested in the new software you advertised.
R: Shall I send you a free sample?
C: That would be great.
R: Just give me your address and I'll send it right away.

SKIT 2 カタログを送っていただけますか。

Caller(C): Hello. I saw your advertisement in *Business Today*. Would you please send me

---

SKIT 1

受け手(R)：エース・コンピュータです。ご用件は。
かけ手(C)：そちらの新製品のことで電話したんですが。
R：X-13のことですね。
C：それじゃありません。広告にあった新しいソフトウェアに興味があるんですが。
R：無料のサンプルをお送りしましょうか。
C：いいですね。
R：ご住所とお名前をお教えください。すぐにお送りします。

SKIT 2

かけ手(C)：もしもし、『ビジネス・トゥデイ』でそちらの広告を見たんですが。カタログを送っていただけますか。
受け手(R)：かしこまりました。お

CHAPTER 2 ビジネス編

your catalogue?

Receiver(R): Certainly. Could you give me your name and mailing address?

C: Yes. My name is Carol Burns, and my address is 501 Sycamore Drive, Boise, Idaho. The zip code is 83232.

R: OK. And your phone number, please?

C: It's area code 412, 123-1234.

R: OK, Ms. Burns. We'll send you a catalogue right away.

SKIT 3 販売の責任者はどなたか、教えていただけますか。

Caller(C): I'm calling to get some information about your company.

Receiver(R): Go ahead. What can I tell you?

C: May I ask how big your territory is?

R: It covers seven states and two territories in the western U.S. and Canada. Can you tell me

---

名前とご住所をお願いします。
C：はい、名前はキャロル・バーンズ、住所はアイダホ州ボイジー、シカモア通り501、郵便番号は83232です。
R：わかりました、お電話番号は？
C：市外局番412、123-1234です。
R：わかりました、バーンズ様。すぐにカタログをお送りいたします。

SKIT 3

かけ手(C)：そちらの会社のことについて知りたくてお電話したんですが。
受け手(R)：どうぞ。何をお話しいたしましょうか。
C：御社の販売網はどのくらいなんでしょう。
R：アメリカ西部の7つの州と、カナダのふたつの州をカバーしていま

why you're interested in our company?
C: I'm looking for a new supplier for our factories in California and Washington.
R: I see.
C: Can you please tell me who is in charge of distribution?
R: Our distribution manager is Ms. Junko Sawada. Would you like to speak with her?
C: Yes, if it's not too much trouble.
R: I'll connect you. Please hold.

SKIT 4 在庫はありますか。

Receiver(R): How may I help you, sir?
Caller(C): I'd like to order 10 KK-100 copiers. Do you have them in stock?
R: We sure do.
C: How long will it take for the shipment to arrive?

す。どうして当社に興味をお持ちなのか、教えていただけませんか。
C：カリフォルニアとワシントンにある我が社の工場が、原料の仕入れ先を探しているんです。
R：そうですか。
C：販売の責任者はどなたか、教えていただけますか。
R：販売部長は沢田純子と申します。お話になりますか。
C：ええ、ご迷惑でなければ。
R：おつなぎします。そのままお待ちください。

SKIT 4

受け手(R)：ご用件は何でしょう。
かけ手(C)：KK-100コピー機を10台注文したいんですが。在庫はありますか。
R：ございます。
C：到着するまでどれくらいかかりますか。

CHAPTER 2 ビジネス編

R: When do you need them?
C: Can I receive that shipment by the end of September?
R: I'll have it to you by the 15th.
C: That's fantastic.

SKIT 5 ただいま在庫が切れております。

Caller(C): I was wondering if you still sell the 400-KS model printer.
Receiver(R): I'm afraid we no longer make that.
C: How about the 300-KS?
R: I'm sorry but that product is out of stock at the moment.

R：いつ必要なんでしょう。
C：9月末日までに届きますか。
R：15日までに届くようにします。
C：よかった。

SKIT 5

かけ手(C)：400-KS モデルのプリンターは、まだ販売しているんでしょうか。
受け手(R)：もう製造していませんが。
C：300-KS モデルは？
R：申し訳ありませんが、その商品はただいま在庫が切れております。
C：そうですか、プリンターを買いたいのですが、在庫には何がありますか。
R：100-KS モデルがございます。

C: Well, I want to buy a printer. What do you have in stock?

R: We have the 100-KS.

SKIT 6 それがいちばん安い値段ですか。

Caller(C): I'd like to order 30 new Speedmaster copiers for our company. Can you quote me a price?

Receiver(R): They are $1,475 per unit.

C: Is that your best price?

R: I'm afraid it is.

C: What are the terms of payment?

R: We need a 20 percent deposit up-front with the balance due within 60 days of the invoice date.

C: I see. Let me discuss it with our purchasing manager and then I'll get back to you. Thank you very much.

R: Thank you for calling.

SKIT 6

かけ手(C)：会社用に新しいスピードマスターコピー機を30台注文したいんです。価格はいかほどになりますか。

受け手(R)：1台1,475ドルになります。

C：それがいちばん安い値段ですか。

R：そうです。

C：支払い条件はどうなりますか。

R：支払い金額の20パーセントの預かり金をいただきまして、残金は請求書の日付より60日以内にお支払いいただきます。

C：わかりました。購買部長と相談してから、かけなおします。どうもありがとう。

R：お電話ありがとうございました。

公衆電話から長距離：アメリカの場合

　アメリカの場合、市内電話 (local call) は月々の基本料金以外には料金がかからないのが普通だ。訪問先の企業でも、市内に連絡するときは気軽に電話を借りることができる。

　しかし、長距離電話(long distance call［局番が同じでないものはすべて］)となると安くないので、遠慮してしまって、思う存分話せなくなってしまう。相手の勤務時間帯に合わせると公衆電話の利用しかない。

　アメリカやカナダでは、州や地域によって電話会社が違い、会社によってシステムも違うが、長距離の場合でもたいていはダイヤル直通でかけることができる。日本と違いコインを先にいれずに、まず電話番号をまわす。すると、"Two dollars thirty-five cents, please."（2ドル35セント入れてください）という録音されたメッセージが流れてくる。そこで用意したコインを投入する。投入するコインの数がかなり多いので、途中でわからなくなっても、しばらく間があくと、"Five cents more, please."（あと5セント入れてください）というメッセージが流れてくる。全額投入すると "Thank you." というメッセージが流れてきて、電話がつながる。

　話が終わって公衆電話を切ると、すぐにベルが鳴ることがある。これは間違い電話ではない。最初に入れた額の分よりも長く話した場合に不足分を教えてくれるのだ。いわれた額だけ支払う。無視して、ベルが鳴っても出なかったり、いわれたとおりに支払わないとどうなるだろう。電話をした相手に請求がいくのだ。相手に迷惑をかけないようにしよう。　　　　　　　　（田中宏昌）

SECTION 4

注文をするとき

CHAPTER 2 ビジネス編

　企業間での取り引きにおける注文は文書で行われますが、事前に電話で連絡する場合もあります。また商品の説明を聞いた後、電話で直接注文をする必要が出てくるケースも考えられます。通信販売などの商品の注文は、もちろん電話ですることができます。
　電話で注文を受ける場合に一番困るのが、情報が不正確に伝わることです。したがって電話では次の点に注意をする必要があります。
　①相手の名前と連絡先を確認する。
　②品名と数量を確認する。
　③追って文書での注文を依頼する。
　また、納期や支払いの問題などの正確な即答ができない場合は、確認を取ってからこちらから連絡をするようにするべきです。
　SECTION 4 の表現は SECTION 3 とつながりがあります。参考にしながら頭の中でシミュレーションをしてみましょう。

SECTION 4　注文をするとき

①注文方法をたずねる(1)

How can I order that product?

(どのように注文すればよいのですか)

②注文方法をたずねる(2)

Can we order over the phone?

(電話で注文できますか)

③注文する

We'd like to order ten ES30s.

(ES30を10台注文したいのですが)

④注文書を送るという

We'll send you our completed order form tomorrow.

(注文書は、あすお送りします)

⑤注文内容の変更が可能かたずねる

Is it possible to make a change in our order?　It's number 0018.

(注文内容の変更はできますか。注文番号は0018です)

CHAPTER 2 ビジネス編

企業間の注文は書面の order form（注文用紙）を使って行うが、個人が企業に直接注文する場合は、この表現のように電話で問い合わせる必要がある。流通業者と企業の関係で、一般消費者からの直接注文は受けない場合もある。

電話での注文は間違いが起こりやすいので、ファックスなどの書面でなくては受けないのが普通だ。ただし、個人を対象とした通信販売などの場合は、電話でクレジットカードの番号をいうだけで注文が可能なものもある。

このようにいって、在庫の確認などをしたうえで、あらためてファックスなどで注文書を送ることもあるだろう。place an order（注文する）を使って We'd like to place an order for ten ES30s. といってもよい。

すでに order form を送付している場合は、書類番号を付け加えて、We mailed our official order form ‹order sheet› number 10238.（正式の注文書10238番をお送りしました）のようにいう。基本的にはファックスで送った後に書類を郵送する。

このような場合は、It's number 0018. のように書類番号で確認する必要がある。特に複数の注文がある場合、上記④の解説でふれたように、書類番号を使用することで正確を期することができる。海外とのビジネスは、何事もしつこく確認するのが基本だ。

SECTION 4 注文をするとき

⑥書面での注文を求める

Please send your order by fax or mail.

(ご注文はファックスか郵送でお願いします)

⑦送り先を伝える

Please send it to me.

(私宛てにお送りください)

⑧ただちに発送するという

We'll arrange delivery immediately.

(すぐに発送の手配をします)

⑨すでに発送したという

They've already been sent.

(すでに発送をすませました)

⑩変更内容をたずねる

What kind of change did you want to make?

(どのようなご変更をされたいのでしょうか)

CHAPTER 2　ビジネス編

海外から電話で注文が入った場合は、そのまま注文を受けずに書面での注文を要求するべきだ。相手もその点を承知しながら「だめでもともと」と電話での注文を試してくる場合もある。数値などを確認するためにも、かならず書面を送ってもらおう。

送られたものが確実に届くよう、宛て先には担当者名まで明記してあるほうがよいのは当然だ。逆に「どなた宛てにお送りすればよいですか」とたずねるときは、Who shall I send it to? といえばよい。

We'll arrange immediate delivery. というと、「すぐに届くよう手配します」という意味になる。左のようにいわれて、送ってもらう側から条件があれば、Please pack the boxes in wooden cases.「木箱で梱包してください」などと伝えておく必要がある。

貿易業務のほとんどが書面で交わされることはすでに述べたとおりだが、催促だけは電話でかかってくる場合が多い。問い合わせに対する返事の催促、発送の確認などである。なんらかの事情で回答が遅れるときは、「つなぎ」のために一応遅れる旨を伝えておこう。

注文に対する変更の依頼がきたときの確認の表現。want は自分を主語にして I want ... のかたちで使うと強すぎる表現だが、逆に相手を主語にして you want ... と使う場合は、ぶしつけな感じはしない。

SKITS

SKIT 1 ファックスか郵便で注文書をお送りください。

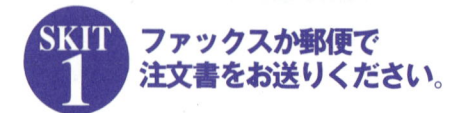

Receiver(R): Good afternoon. Office Art.

Caller(C): Hello. This is Miranda Hammond at Texoil in Dallas. We want to order a dozen paintings for our building.

R: OK. Could you please send us your order by fax or mail?

C: OK. What's your fax number, please?

R: It's 111-4567.

C: 111-4567. OK. By the way, how long will it take for the merchandise to arrive?

R: It'll get there about a week after we receive your order form.

C: Fine. We'll send you our completed order form by fax today.

R: Thank you very much. We'll be expecting it.

SKIT 1

受け手(R)：はい、オフィス・アートです。
かけ手(C)：ダラスのテクソイル社のミランダ・ハモンドと申します。私どものビルに飾る絵を1ダース注文したいんですが。
R：はい、けっこうですよ。ファックスか郵便で注文書をお送りください。
C：わかりました。ファックス番号は何番ですか。
R：111-4567です。
C：111-4567ですね。ところで、商品が届くのにどれくらいかかるんですか。
R：注文書をお受けしましてから、1週間ほどで、そちらにお届けいたします。

CHAPTER 2 ビジネス編

SKIT 2 注文を変更することはできますか。

Receiver(R): Superior Industries. How may I help you?

C：けっこうです。きょうのうちにファックスで注文書をお送りしましょう。
R：ありがとうございます。お待ちしております。

SKIT 2

受け手(R)：スーペリア工業です。ご用件をどうぞ。
かけ手(C)：もしもし、大阪貿易の木村孝です。注文内容を変更することは可能でしょうか。注文番号は1089番です。
R：どのような変更をなさりたいのでしょうか。

Caller(C): Hello. This is Takashi Kimura of Osaka Trading Company. Is it possible to make a change in our order? The order number is 1089.

R: And what kind of change did you want to make, sir?

C: Well, we ordered ten ES30s, but we want to change them to EM40s.

R: Just a moment, please . . . Oh, I'm sorry, but they've already been sent.

C：ええと、ES30を10台注文したんですが、それをEM40に変更したいんです。
R：少々お待ちください……ああ、すみませんが、その品物はすでに発送してしまいました。

TELEPHONE BOOTH ❿

コミュニケーションには英語力以外も大切

　電話の英語が通じないのは、英語力が不足しているからだけだろうか。外国人との会話で意思疎通が十分にできない原因となる障害は実はことばだけではない。

　まず価値観 (values) の違いがある。仕事とプライベート、時間と人間関係、会社の同僚と家族どちらが大事かは個人によっても違うが国民性によっても大きく異なってくる。あなたのいっていることでなく、あなたの価値観が理解されないということもありうるのだ。

　二番目に社会的な規範 (norms) だ。これは暗黙のうちに了解された社会の中のルールといえばわかりやすいかもしれない。たとえば、ダメモトで無理なことを要求するのがきわめて普通に行われている国の企業と交渉して、相手の要求の大きさにうろたえたり腹を立てたりしていてはスムーズなコミュニケーションはできない。

　シンボル (symbols) の違いも意思疎通の阻害の大きな要因だ。ある行動や、物体、ある種の声、色などがその国ではどんな意味を持つのかも考えなければならない。相手が必要以上に大きな声で話すので不快に感じることもあるかもしれないが、それが相手の国ではていねいさを表しているかもしれないのだ。日本の女性のしとやかな小さな声も、消極的、不親切(聞こえない)ととられることもある。

　最後に知識 (knowledge)。趣味の話をして相手と親しくなろうとして、野球の話を始めてもイギリス人には少しも面白くないはずだ。あなたがクリケットの話を聞いてもよくわからないのと同じことだ。

　ことば以外の部分にも気を配ろう。　　　　（田中宏昌）

SECTION 5

苦情をいうとき

相手側に手違いや、サービス不足があって不都合が生じた場合は、なるべく具体的な数字や状況をもとに即座に苦情をいうべきです。黙っていれば、そのままになってしまいますし、逆にすぐに苦情をいわなかったからだと、こちらのせいにされてしまうこともあります。

苦情をいう場合、状況を次のふたつにわけて考えることができます。つまり (1)すぐに相手が対応すれば改善できるもの (2)取り返しがつかないことです。前者の場合は、なるべく早く苦情をいう必要がありますが、後者の場合は状況を説明した苦情を文書で責任者あてに出すほうがいいでしょう。どちらの場合にしても、感情的にならないことがビジネスでは重要です。苦情をいう場合は、

①相手が苦情を伝えるべき責任者であること
②どこに不都合があるのかはっきしていること
③具体的、客観的な状況をはっきり示すこと

がチェックポイントです。

SECTION 5 苦情をいうとき

①納期遅れへの苦情をいう(1)

I'm calling about an order we placed two months ago. It hasn't arrived yet.

(2カ月前に注文したものが、まだ届きません)

②納期遅れへの苦情をいう(2)

If we don't receive the products by November tenth, we'll cancel the order.

(11月10日までに着かない場合は、注文をキャンセルします)

③商品破損の苦情をいう(1)

About 30 percent of the items you shipped us were damaged on arrival.

(商品のうち30パーセントほどがこわれていました)

④商品破損の苦情をいう(2)

All of them were spoiled.

(すべて傷んでいました)

⑤商品違いに対して苦情をいう

The items we received are not the ones we ordered.

(注文したものと違うものが着きました)

The order we placed two months ago still hasn't arrived. といってもよい。この場合も、この表現に続けて Our order sheet is number 0018 dated November 27, 1993. (注文書は0018番、93年11月27日付けです)のようにはっきりと伝える。

納期が守られていない場合の苦情だ。日本語では「申し訳ありませんが、キャンセルします」という場合があるが、この場合は相手に責任があるので、I'm sorry . . . は使わない。

---

on arrival は、ここでは「荷が着いた時点で傷んでいた」ということだ。動詞の ship「送る、輸送する」は、船に限らず、鉄道、飛行機、トラックなどを使って、輸送するときにも使うことができる($p.$ 140 ④参照)。

---

be spoiled は、食べ物のほか、精密機械やコンピュータのソフトウエアが「だめになる」という意味にも使われる。部分的な破損があったときは、The parts in case number five were damaged. (荷番号5番の中の部品がこわれていた)という表現ができる。

この後には、All the cases contained EI20s instead of ES30s. (どの梱包にも ES30 でなく EI20 が入っていました)のように、具体的にどう間違っているのかを伝える必要がある。I think you made a mistake. などとつっこんでもかまわないだろう。

SECTION 5 苦情をいうとき

⑥数量不足に対して苦情をいう

The shipment we received was short.

(数量が不足していました)

⑦請求書は来たのに商品が着かない

We received the invoice, but the items haven't arrived yet.

(請求書が届きましたが、商品がまだ着きません)

⑧請求の間違いに対して苦情をいう

We were charged for items we didn't order.

(注文していないものが請求されています)

⑨代金未払いに対して苦情をいう

Our records show you haven't paid your bill yet.

(まだ代金をお支払いいただいていないようですが)

⑩契約違反に抗議する

That's a violation of the contract.

(それは契約違反です)

CHAPTER 2 ビジネス編

続いて We ordered 20, but received only 16.（20個注文したのに16個しか届いていません）のように具体的な数字を告げればよい。何種類かの品を注文して、そのどれかが入っていなかったという場合にも、左の表現が使える。short は「不足している」という意味。

苦情はなるべく具体的に、The item which should have arrived ‹which was supposed to arrive› by July 11th hasn't arrived yet.（7月11日までに届く予定がまだ届いていない）などというと効果的。

ここでは charge は「(代金を)請求する」の意味。ホテルなどのチェックアウトでも、使用していない電話の代金を請求されることがあるが、その場合は I was *charged* for phone calls I didn't make.（かけていない分まで電話代を請求されています）という。

代金の支払いなどに関する催促は注意すべきである。場合によってはこちらの間違いということもありうるので、失礼にならないように、Our records show . . . とか There seems to have been . . . などのように間接的な表現を使う。

強い調子の苦情だ。明らかに相手に落ち度がある場合は、I must insist . . .、I believe . . . のような表現で強く主張しなければならないこともある。「契約なので……してほしい」は In accordance with our contract . . . という。

SECTION 5　苦情をいうとき

⑪出荷について伝える(1)

They were shipped on October 15th. We'll send you the shipment details by fax.

(商品は10月15日に発送しました。出荷明細書をファックスします)

⑫出荷について伝える(2)

It should be there in a couple of days.

(2、3日でそちらに着きます)

⑬商品の破損の程度をたずねる

How badly are they broken?

(どの程度破損していますか)

⑭補償するという

We'll compensate you for the damaged goods.

(事故品については、補償いたします)

⑮誤った請求書のコピーを送ってほしいという

Could you send us a copy of the incorrect invoice?

(その間違った請求書のコピーを送っていただけますか)

When did you send the goods?（品物はいつ送りましたか）などと聞かれたら、They have already been shipped.（すでに発送されました）というような漠然とした答えをするよりも、左のように具体的な日付を説明したほうが、相手に与える信頼感が大きい。

商品の発送に関する問い合わせには、このように相手の受け取りの日まで付け加えておくと親切だ。電話の相手に対して「そちら」という場合は、there を使う。in a couple of days のかわりに、by Friday（金曜日までには）のようにいってもよい。

場合によっては、もう少していねいに Would you tell me how badly they are broken? あるいは Could you better inform us on the damage which has occurred? といったほうがよい場合もある。

---

compensate（補償する）は、金銭で支払う場合も代替品を届ける場合も含む。「代替品」は replacement といい、We have already sent *replacements* for the contents of case number five.（荷番号5番の代替品はすでに発送しました）のように使う。

---

invoice などの間違いの指摘があったときの対応の例。complain（苦情）があった場合はなるべく詳しく事情を確認したうえで、問題となる書類のコピーをファックスしてもらうように頼むべきだ。

SECTION 5　苦情をいうとき

⑯調べて回答するという(1)

We'll look into it and get back to you right away.

(調べまして、すぐに折り返しお電話いたします)

⑰調べて回答するという(2)

Please give us a few days to check into it.

(調査に2、3日いただけますか)

⑱謝罪する

We're very sorry.

(まことに申し訳ございません)

⑲こちらの責任ではないという

We're not responsible for that.

(それは私どもの責任ではございません)

⑳相手側の責任だと示唆する

Maybe you could ask your computer engineer.

(御社のコンピュータ技師の方にお聞きになってはいかがですか)

CHAPTER 2 ビジネス編

即答できない場合は無理をせずに、このように落ち着いて対処することが大事だ。look into... は「……を調べる、調査する」という意味。check を使って、We'll check (into) it... といってもよい。get back to... は「折り返し……に電話する」。

check into it は「調べる」。時間がかかるというニュアンスがあるので、苦情や問い合わせの返事を保留するのに便利な表現。自社の責任になるかどうかの判断をする時間をとるために、このような返事をして、相手の連絡先、その他必要な情報を聞いておこう。

こちら側の非を認めた場合は、謝罪する必要がある。We *apologize* for your inconvenience. のように apologize を使ってもよい。最後に I appreciate your having called me. といって、間違いの指摘に対してお礼をいうのを忘れずに。

自社の責任ではない場合は、はっきり伝えるべきだ。ただし、何の根拠もなしにこの表現を繰り返しても効果的ではない。事実関係を伝え、responsible ではない根拠を示す必要がある。It's impossible. (それはありえません)というように事実自体を否定する強い表現もある。

こちらの責任ではないことに関して、苦情のニュアンスの強い問い合わせが来た場合、上の⑲のようにいうだけでは、いかにもそっけない。左の表現では、相手側のコンピュータ技師に責任があると示唆している。このようにいえば、相手にもあまり冷たい印象を与えずにすむ。

SKITS

SKIT 1 2、3日中にそちらに着くはずです。

Caller(C): Hello. I'm calling about an order we placed two months ago. It hasn't arrived yet.
Receiver(R): I'll check on it. What was your name?

SKIT 1

かけ手(C)：もしもし、2カ月前に注文したものの件でお電話したんですけど。まだ品物が届いていないんですが。
受け手(R)：調べてみましょう。お名前は？
C：ベネット。ベネット工業です。11月の10日までに商品を受け取れないのなら、注文はキャンセルします。
R：記録では10月15日にご注文の品を発送したことになっていますけど。発送に関する詳細をファックスでお送りしましょう。
C：それはありがたい。
R：2、3日中にそちらに着くはずです。
C：どうもありがとう。

CHAPTER 2 ビジネス編

C: Bennett. Bennett Industries. If we don't receive the products by November 10th, we'll cancel the order.
R: My records show that the items were shipped on October 15th. We'll send you the shipment details by fax.
C: That's great.
R: It should be there in a couple of days.
C: Thank you very much.

SKIT 2 数量が不足です。

Receiver(R): Good Morning. Ace Computer.
Caller(C): Hello. This is Hiroshi Yamada of Tokyo Trading Company. The shipment we received was short. We ordered 20 of your ES30s, but received only 18.
R: Could I have the order number, please?
C: It's 1105.

SKIT 2

受け手(R)：おはようございます。エースコンピュータです。
かけ手(C)：もしもし、東京貿易の山田弘です。受け取った商品の数量が不足です。ES30を20台注文したのに、18台しか入っていませんでしたよ。
R：注文番号を教えていただけますか。
C：1105番です。
R：わかりました。1105番ですね。調べまして、すぐに折り返しご連絡いたします。

R: I see. Number 1105. We'll look into it and get back to you right away, sir.

TELEPHONE BOOTH ⑪

気をつけよう：時差と祝祭日

　電話は簡単に使えてビジネス上とても便利だが、時差をよく考えて使わないとあまり役に立たない。日本の勤務時間9時〜5時の時間帯はアメリカ、ヨーロッパではあまりビジネス上都合のよい時間ではない。自宅の電話番号など教えてもらうと、いきおい相手の自宅に連絡をとってしまいたくなるが、急用ではないのに相手の自宅まで電話を入れるのはマナー違反だ。あなたのことを信頼して自宅の電話番号を教えてくれたのだから、信頼に応えてあげるべきだ。

　その点、オーストラリアやニュージーランド、それに東南アジアの国々は時差が少ないので、電話でビジネスがしやすい国だ。そのため逆に失敗しやすいのが、相手の昼休み時間に電話をしてしまうことだ。特に熱帯地方の国は昼寝の習慣があったりして、2時間も昼休みをとるのは珍しくない。

　アメリカに電話をする場合は、西海岸の人は夕方遅い時間よりも、早朝のほうが相手がオフィスにいる可能性が高い。株式市場はアメリカ中が東海岸（ニューヨーク）の時間に合わせている関係上、西海岸の金融関係のビジネスマンは朝7時にはもう来ている人も珍しくない。逆に東海岸の商品取引関係のビジネスマンはシカゴの穀物相場の時間に合わせていることもある。

　もうひとつ忘れてならないのは祭日だ。もちろんクリスマスは世界中同じなので忘れないが、独立記念日、マーチン・ルーサー・キング・デイのように日本ではあまり馴染みのない日は忘れがちだ。

　　　　　　　　　　　　　　　　　　（田中宏昌）

SECTION 6

その他

CHAPTER 2 ビジネス編

　あなたのオフィスにある電話のほかに公衆電話(public phone)も駆使できれば、ビジネスの上では大変便利です。
　特に出張中は、9時から5時はホテルの部屋にいないケースが多いですから、どこかの事務所に勤務時間内に電話をする場合は、public phoneに頼らざるをえません。また時差の関係で、自宅の電話に連絡がほしい場合もあります。
　このように電話をうまく使えば、これまでのSECTIONで紹介した以外にも多くの仕事がこなせます。
　このSECTIONでは、これまで出てきた用途以外の電話の利用における表現を紹介しています。
　しかし、英語での電話では正確な情報を得る上では、日本人にとってはどうしても不安な部分も多いようです。SECTION 6では同時に、相手のいっていることがはっきしないので確認を取りたいときどうするか、などの電話利用時におきるトラブルの対応についても触れてみました。

SECTION 6　その他

①相手の話を確認する

You mean you want to delay your payment—is that right?

(お支払いを遅らせたいということですか)

②上司に相談するという

I'll have to discuss the matter with my manager.

(この件については上司と相談させてください)

③自宅の電話番号をたずねる

May I have your home phone number?

(ご自宅のお電話番号を教えていただけますか)

④自宅に電話をくれるよう頼む

Could you call me at home tonight?

(今晩自宅にお電話くださいますか)

⑤書面にしてくれるよう求める

Could you put that in writing for us?

(それを書面でいただけますか)

ビジネスの場合、特に電話では、相手のいったことを確実に聞き取ることが非常に重要だ。自信がなければ頻繁に確認を取ったほうがよい。相手の話を確認するにはYou mean... のほか、Did you say...?、Are you asking if...? などの表現を用いる。

企業内の権限との関係で、電話では即答できない問題も多いはずだ。I need the approval of my manager. (上司の同意が必要です)という言い方もできる。日本企業の場合、内部の根回しが必要なので、欧米人にはどうしても決定が遅いという印象を与えてしまいがちだ。

ある程度の関係ができてくると、このようにして会社外での交渉、またはプライベートでのつきあいもできてくるかもしれない。依頼の内容を考えると、ここではPlease give me... よりも May I have...? のほうがはるかにふさわしい。

自宅の電話番号を教えられても、よほどのことがない限りは電話をしないのが常識だ。時差の問題もあるので、ある程度信頼できるビジネス・パートナーであれば、I'll give you my home number. と、進んで自宅の電話番号を教えてもよい。

欧米では、口頭だけの契約はほとんどないということはよく知られている。ビジネスでは、合意事項はすべて書面にしておくことが必要だ。国際間で契約を結ぶ場合は、どの国の法律に従うかを明記する必要も出てくる。

SECTION 6　その他

⑥ファックスが着いたかどうかを確認する

I'd like to confirm the fact that you received our fax dated October 23rd.

(10月23日付けのファックスが着いたか確認したいのですが)

⑦ファックスの返事を催促する

I'm calling because we haven't received a response to our fax.

(ファックスのご返事をいただいていないので、お電話したのですが)

⑧ファックスが通じないという

Our fax cannot transmit to your fax machine.

(そちらへファックスが通じません)

⑨ファックスが鮮明でないという

Your fax didn't come through clearly. Would you please send it again?

(いただいたファックスが鮮明でないので、もう一度送っていただけますか)

⑩ファックスに抜けがあるという

We didn't receive the third page of your fax.

(ファックスの3ページ目が届いていません)

CHAPTER 2 ビジネス編

返事がないときの婉曲な催促としても使える表現だ。fax dated (月日)で「……付のファックス」。親しい相手なら、Have you received the fax I sent on October 23rd? (10月23日に送ったファックスは届きましたか)などといってもよいだろう。

ビジネスとしてあまり関心が持てない件に関しては、まったく返事をしてこないことも多い。その場合は何度ファックスで返事を催促してもあまり効果はない。むしろ、相手の出社直後の時間を計算して電話で催促したほうが効き目がある。

電話とファックスが切り替え式になっている場合、相手がファックスに切り替え忘れていることがある。その場合には、Would you put your machine on fax mode? (ファックスに切り替えてくださいますか)のように電話で依頼する必要がある。

「読みにくい」は It's hard to read.、「読めません」なら、It isn't readable. のようにいえばよい。原因がこちらのファックス機の故障なら、We had some trouble with our fax machine. などと付け加えてもいいだろう。

ファックスの1ページ目には、送信者と宛て先の社名と名前、日付け、総枚数などを書き込むのが普通だが、これを英語では cover page という。きちんと cover page をつけておけば、トラブルの際、受け手もすぐに気づき、左のように連絡してくるだろう。

SECTION 6 その他

⑪話がわからないという

I'm not following you. Could you explain that again?

(お話がわからなくなりました。もう一度ご説明いただけますか)

---

⑫聞き返して確認する

Did you say "three thousand eight hundred"?

(「3,800」とおっしゃいましたか)

---

⑬文字の確認をする

Is that AC-120?　A as in Alfred, C as in Charlie?

(AC-120 ですか。アルフレッドの A、チャーリーの C ですか)

---

⑭切らなくてはならないという

I have to board the plane now. I'll call again later.

(もう飛行機に乗らなくてはなりません。あとでまたお電話します)

---

⑮連絡がつかなかったという

I wasn't able to get in touch with you yesterday.

(きのうはあなたに連絡が取れませんでした)

CHAPTER 2 ビジネス編

I'm not following you. は、内容がのみ込めなかった場合、よく聞き取れなかった場合のどちらにも使える。ここでは、続けて Could you explain . . . ?（説明していただけますか）といっているので、内容がわからなかったということだ。

ビジネスでは、このように単刀直入に確認するのがよい。Did you say . . . ? は相手がいったことを繰り返して確認する表現。Let me repeat, you said three thousand eight hundred?（繰り返します。3,800とおっしゃったのですね）といってもよい。

. . . as in ～で「～の……」。アルファベットの確認には、会社内などで取り決めのある場合もあるが、基本的には、誰もがわかり区別できる単語を使えばよい。とっさに使えるように、自分なりのアルファベット確認用単語を決めて、覚えておくと便利だ（p. 289参照）。

I'll call again later. は急いで電話を切らなければならないときに覚えておくと便利。最近は、機内に電話が備えつけてあることも多い。ほとんどの機内電話はクレジットカードでかけられる。携帯電話は機内持ち込み禁止の航空会社もあるので注意すること。

get in touch with . . . は「……に連絡を取る」という意味。I called your office, but nobody answered. のように、相手に電話したが、不在などで話せなかったのか、あるいは事情があって連絡できなかったのか、この後にきちんと説明しよう。

SKITS

SKIT 1 ファックスの3ページ目が届いていないんです。

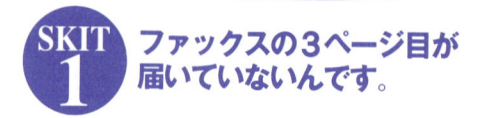

Ms. Richardson(R): Hello, Mr. Ishida? This is Ellen Richardson of Benson Aeronautics in Denver...

Mr. Ishida(I): Oh, hello, Ms. Richardson. I just sent you a fax.

R: Yes, that's what I was calling about. We didn't receive page three of the fax. Would you please send it to us again?

I: Oh, I'm sorry—I'll send you the page again right away.

R: Thank you very much.

(A little later)

I: Hello, Ms. Richardson? Ishida here—I'm calling to confirm that you received page three.

R: Yes, we did—but this time something went wrong with the transmission, and it isn't read-

---

SKIT 1

リチャードソン(R)：もしもし、石田さんですか。デンバーのベンソン航空のエレン・リチャードソンですが。

石田(I)：ああ、こんにちは、リチャードソンさん。いまあなたにファックスをお送りしたんですよ。

R：ええ、そのことでお電話しているんです。3ページ目が届いていないんですよ。もう一度送っていただけませんか。

I：すみません、もう一度すぐにお送りしましょう。

R：どうもありがとう。

(少しして)

I：もしもし、リチャードソンさんですか。石田です。3ページ目が届いたかどうか確認したくてお電話したんですが。

R：はい、受け取りました。でも今

able.
I: Oh, no. I'm awfully sorry. I'll send it again.
R: Thank you.
(A little later)
R: Hello, Mr. Ishida? This is Ellen Richardson.
I: Oh, hello. Was there something wrong with the fax again?
R: Actually, it was perfectly clear this time . . .
I: Oh, good.
R: And that's what's wrong. The price you quote on page three is out of the question.
I: You mean you want a lower price—is that right?
R: Exactly.
I: Well, I'll have to discuss the matter with my manager. May I call back tomorrow?
R: Certainly.

度は送信の調子がおかしくて、読めないんですよ。
I:何てことだ。まったく申し訳ありません。もう一度送ります。
R:ありがとう。
(少しして)
R:もしもし、石田さんですか。エレン・リチャードソンです。
I:ああ、どうも。またファックスに何かありましたか。
R:いえ、今度は完璧にはっきり読めます。
I:それはよかった。
R:でも、そのおかげで問題が出てきたんですよ。3ページ目にあるお見積もり金額は、論外ですね。
I:もっと価格を安くということですか。
R:そのとおりです。
I:その件については、部長と相談しなくてはなりません。あす折り返しお電話するということでよろしい

SKIT 2　2,365ドルとおっしゃいましたか。

Mr. Ishida(I): Hello, Ms. Richardson? This is Hiroaki Ishida from Kanto Plane Industries.

Ms. Richardson(R): Oh, hello, Mr. Ishida. How are you today?

I: Fine, thank you. I discussed the matter of those wing flaps with my manager, and we would be willing to lower the per-unit cost to $2,365.

R: Did you say 2,365, Mr. Ishida?

I: Yes.

R: Well, I think we can agree to that.

I: Very good.

R: Could you put it in writing for us?

I: Of course. We'll send you our contract proposal right away.

ですか。
R：けっこうですよ。

SKIT 2

石田(I)：もしもし、リチャードソンさんですか。関東航空機工業の石田宏明です。
リチャードソン(R)：ああ、こんにちは、石田さん。お元気ですか。
I：元気ですよ、ありがとう。あのフラップの件について部長と相談しまして、ユニットあたり2,365ドルに値下げすることにいたしました。
R：2,365ドルとおっしゃいましたか、石田さん。
I：はい。
R：では、商談成立だと思います。
I：それはよかった。
R：文書にしていただけますか。
I：もちろん、さっそく契約提議書をお送りいたします。

あいづちの多い日本人

　日米のあいづちの回数を比較したハワイ大学の大学院生の研究論文がある。それによると一番多いのが日本人の女性、一番少ないのがアメリカ人の男性だそうだ。日本人の電話を横で聞いていると、「はい……はい……そうですね」というのがアメリカ人に比べて多いのがわかる。

　日本人が英語で話す場合も同じで、"Yes . . . yes . . . really . . . Is that right?" という感じであいづちが多いようだ。

　一方、西欧人は人によってはほとんどあいづちを打たないで、黙って聞いていることもあるので、話しているとつい不安になってしまう。実はわかっていないわけではないので、安心して話をしてよい。

要点を強調して言い換える

　電話の英語は、お互いに相手を見ることができない。そこでメッセージを正確に伝えるためには、いろいろな言い換えができることが必要だ。

　相手がこちらのいうことをよく理解していないときは、You are saying . . . , right? とか Am I right in thinking that . . . ? などと確認してくる。その場合は、まず相手の確認している内容が正しいかどうかをはっきりと伝えなくてはならない。

　相手が正しく理解していたら、Yes, that's right. とか Exactly. のようにいう。相手が間違って理解してい

たら、No. という返事が必要だ。遠慮してあいまいな返事をしてはいけない。そして、同じことをもういちど繰り返すよりは、強調したい部分だけを表現する構文を使おう。

　たとえば What を使い、What I said is . . .（私のいったのは……ということです）、What we want is . . .（私どもの希望しているのは……です）、または It's を使い It's Mr. Duncan who signed.（サインをしたのはダンカン氏です）のような言い方で、こちらのいいたいことを強調するとよい。

「800-CAR RENT」って何のこと？

　アメリカのフリーダイヤル (toll-free number) は、1-800 で始まるので、one eight hundred number あるいは省略して eight hundred number と呼ばれる。ホテルやレンタカー、航空機の予約を始め、無料でいろいろなサービスが受けられる。

　また、広告などを見ると、800-CAR RENT のように800番の後に数字ではなく、アルファベットが書いてあることがよくある。これはどうやって電話するのだろうか。

　外国に行ったらプッシュ式の電話機の番号ボタンの下をよく見てみよう。アルファベットが3つほど並んでいるはずだ。だからその文字のある数字を押せばいいわけだ。このほうが数字よりも覚えやすいだろう。

　　　　　　　　　　　　　　　　　　　（田中宏昌）

CHAPTER 3
生活編

CHAPTER 3

生活編

　海外で旅行をしたり生活する場合、電話を使う機会がグッと増えることはいうまでもありません。
　旅行しているときは、乗り物の予約や確認、ホテルでの内線使用、海外への長距離電話といった具合に、電話は欠かせない道具です。
　たとえば、レンタカーを借りたい場合、いきなりレンタカーオフィスに出向くよりも、あらかじめ予約をいれて、好みの車を確保しておきたいものです。さもないと、直接オフィスに行っても、まったく借りられないか、借りたくもない車を運転しなければならないはめになりかねません。
　また、飛行機の国際線を利用する場合、72時間前に航空会社に電話して自分のフライトの確認をしなければならないことになっていますが、これを怠ると(特にピークシーズンには)自分の席がなくなってしまうことがあります。チェックインしようとカウンターに行ったら、予約が取り消されていた、などというときほど心細く、悲しくなるこ

とはありません。そして、Did you reconfirm your reservation?（予約の再確認をなさいましたか）と聞かれ、「電話1本しておけばよかった」と異国の地で後悔の念にうちひしがれるのも惨めな話です。

　また、電話は快適な日常生活からは切り離せないものです。電話をフルに活用することは、生活にプラスになるばかりか、英語力をみがく絶好のチャンスでもあります。

　友だちを Are you free this evening?（今晩、おひま？）と誘うのもよいでしょう。用事がなくても、I just wanted to say hello.（ちょっとごあいさつをしたかったものですから）と電話してみるのもいいものです。

　また、医者や歯医者に予約をいれたり、ときには緊急事態が発生し電話をしなければならない状況に遭遇することもあるでしょう。

　ここでは、こういったさまざまな状況で、よりよい生活と快適な旅行をつくり出すために必要な表現を見ていくことにしましょう。

SECTION 1

予約を取るとき

CHAPTER 3 生活編

　乗り物やレストラン、そして劇場などの席の予約に欠かせないもの、それは電話です。
　こういった予約では、日時、氏名、人数、席の好みといったインフォメーションを正確にテキパキと伝えることが大切です。また、電話で支払いをすませたい場合は、クレジットカードに料金をつけてもらうわけですが、ここではカードの番号、氏名、有効期限といった情報を的確に伝えなければなりません。
　こういうと、電話での予約はいかにも難しそうに聞こえますが、予約の手続きには、だいたいのパターンや決まり切った流れがあるものです。だから、そういったパターンや流れにのっとった表現をマスターしてしまえば、案外簡単なものです。
　ここでは、飛行機などの乗り物の予約をはじめ、レンタカー、レストラン、劇場での予約に必要な表現をみていくことにしましょう。

SECTION 1 予約を取るとき

PART 1・飛行機・列車・バス

①席は残っているかたずねる

Are there any seats left on the express bus for Sacramento?

(サクラメント行きの急行バスの席は残っていますか)

②所要時間をたずねる

How long does it take to get to New Orleans?

(ニューオリンズまではどれくらいかかりますか)

③飛行機の予約をする

I'd like a one-way ticket from Chicago to New York for the 10th.

(シカゴからニューヨークまで、10日の片道航空券がほしいのですが)

④便を指定する

The 10:15 flight would be best.

(10時15分の便をお願いします)

⑤航空会社の希望をいう

United, please.

(ユナイテッド航空をお願いします)

reserve a seat（席を予約する）を用いて、Can I ‹I'd like to› *reserve a seat* on the express bus for Seattle on July 13th? ‹for tomorrow.›（7月13日の〈あすの〉シアトル行き急行バスの席を予約したいのですが）のようにいうのもよい。

こう聞いて、It takes about eight hours by local train.（各駅列車で約8時間です）といわれたとしよう。各駅と急行の違いを聞くときは、How much time would I save if I took the express train?（急行だと、どのくらい時間を節約できますか）といえばよい。

往復の場合は、I'd like a round-trip ticket from Chicago to New York leaving on the 10th and returning on the 13th.（10日に発って13日に戻ってくるシカゴからニューヨークまでの往復切符がほしい）のようにいう。

③のようにいうと、We have flights leaving Chicago at 10:15 a.m., 12 noon, and 3 p.m.（午前10時15分、正午、午後3時のシカゴ発の便がございます）などと、便の候補をあげてもらえる。都合のよい便を選び、左のようにいえばよい。I'd like the 10:15 flight. も可。

旅行会社に電話した場合は、Which airline would you prefer?（どの航空会社がよろしいですか）のようにたずねられる。希望の航空会社がある場合は、左のように答える。どこでもかまわないのなら、Any airline is all right. といえばよい。

SECTION 1　予約を取るとき

⑥料金についてたずねる

What's the round-trip fare for children?

(往復の子ども料金はいくらですか)

⑦チケットについてたずねる

Do you have any lower fares?

(もっと安いチケットはありませんか)

⑧払い戻しが可能かたずねる

Is this ticket refundable?

(このチケットは払い戻しができますか)

⑨出発時刻についてたずねる

What time is Flight 203 scheduled to leave today?

(203便はきょう何時に出発の予定ですか)

⑩チェックインの時間をたずねる

When is the check-in time?

(チェックインは何時ですか)

PART1・飛行機・列車・バス

CHAPTER 3 生活編

「大人」なら children を adults に、「学生」なら students に、「65歳以上の年配者」なら senior citizens に置き換えればよい。また、「片道料金」は the one-way fare だ。「寝台車料金」がいくらか知りたいときは、What is the sleeper fare? とたずねる。

fare（または airfare）は「(飛行機の)運賃」。Do you have any cheaper tickets? や Do you have anything less expensive? も同じ意味になる。Do you have a weekend discount?（週末の割引はありませんか）などと、たずねてみるのもよい。

安い切符を買うときは、必ず Are there any restrictions?（[使用にあたって]何か制約はありますか）と聞いておこう。「日程の変更には手数料がかかりますか」は、Is there any penalty for a schedule change? のようにたずねる。

飛行機は、日によって発着時間が変わることがあるので、空港に電話してこう聞いてみよう。列車なども、What time does the train for Boston on July 13th leave‹arrive›?（7月13日のボストン行きの列車は何時に出発〈到着〉しますか）などといって確認するとよい。

飛行機、特に国際線の場合は、こういってチェックインの時間を聞いたり、What time should I be at the terminal for that flight?（その便に乗るには、何時までにターミナルに行くべきですか）と聞いておくとよい。

SECTION 1　予約を取るとき

⑪予約の再確認をする

I'd like to reconfirm my reservation.
(予約を再確認したいのですが)

⑫日付をいう

It's on January 16th, for Narita.
(1月16日の成田行きです)

⑬便名をいう

The flight number is UA989.
(便名はUA989です)

⑭連絡先をいう

I'm at the Hilton Hotel－Room 23.
(私はヒルトンホテルの23号室にいます)

⑮座席の希望をいう

I'd like a window seat in the non-smoking section.
(窓側の禁煙席をお願いします)

PART 1・飛行機・列車・バス

こういえば、All right. May I have your name, please? (かしこまりました。お名前をどうぞ)などといわれる。Yes, it's Hara—H-A-R-A. And the first initial, M as in Mary. (原です。つづりはH-A-R-A、名前のイニシャルはMaryのMです)のように答える。

次に、When is your flight? (いつの便ですか)と聞かれたら、左のように「いつ」の「どこ行き」か答える。わかり切っていても、月名まではっきりいうほうがよい。It's a January 16th flight for Narita. (1月16日の成田行きの便です)といった言い方も可能だ。

⑫のように答えた後に、こう便名を続ければ完璧だ。What is your flight number? (便名は何ですか)と聞かれた場合は、It's UA989. のように答える。予約の際 reservation number をもらっておけば、その番号をいうだけで、再確認してもらえる。

May I have your phone number in Chicago (just in case we need to get in touch with you)? ([念のため]シカゴでの電話番号を教えていただけませんか)のように聞かれることがよくある。電話番号がわかっていれば、Yes, it's 378-9823. などと答える。

予約確認の際、Can I get my seat assignment now? (いま、座席指定をしてもらえますか)といい、席を決めておくと安心だ。What kind of seat would you like? (どんな席がよろしいですか)と聞かれるので、左のように答えよう。

SECTION 1 予約を取るとき

⑯荷物のトラブルに対処する(1)

Have you found my baggage?

(私の荷物は見つかりましたか)

⑰荷物のトラブルに対処する(2)

I was told at the airport that I should give you my address later.

(空港で、あとで連絡先をそちらに伝えるようにいわれました)

⑱荷物のトラブルに対処する(3)

When will it arrive?

(いつ着きますか)

⑲荷物のトラブルに対処する(4)

I have to have it by tomorrow morning.

(あすの朝までにぜひ必要なのですが)

⑳荷物のトラブルに対処する(5)

I'll be out this afternoon. Please leave the baggage with the front desk clerk.

(きょうの午後は外出しますので、荷物はホテルのフロントに預けてください)

PART 1・飛行機・列車・バス

CHAPTER 3 生活編

手荷物受取所 (baggage claim area) の回転コンベア (carousel) に自分の荷物が出てこなかったときは、Baggage Claim の事務所に行き、Can you put a trace on my luggage? (荷物の追跡調査をしてください) と頼む。後で、左のように電話で問い合わせよう。

空港で荷物の追跡調査を頼むと、所定の用紙に必要事項を記入することになる。その際、滞在場所が決まっていなければ、後で電話でこう伝えよう。そして、I'm at 12 Elm Street. And the phone number is... (エルム通り12番地にいます。電話は……) と続ける。

荷物が他の空港で見つかった、などという連絡がきた場合は、こう聞くか、When will it arrive at JFK Airport? (JFK 空港にはいつ着きますか) とたずねる。さらに、When can you deliver it? (いつ配達してくれますか) と聞いてみよう。

手違いで遅れた荷物は、航空会社が責任をもって配達するのが決まりだ。Can I have it delivered to me today? (きょう配達してもらえますか) とか、I need it as soon as possible ‹right now›. (できるだけ早く ‹いますぐ› 必要です) のようにいって、急いでもらおう。

⑲の依頼に対し、We'll bring your luggage sometime this afternoon. (きょうの午後荷物をお持ちします)、または、Will you be in this afternoon? (きょうの午後はいらっしゃいますか) といわれ、あいにく外出の予定があるときは左のように答える。

SECTION 1 予約を取るとき

①車を予約する
I'd like to reserve a car for October 5th.
(10月5日にレンタカーを予約したいのですが)

②車種についてたずねる
What type of medium-sized cars do you have?
(中型車はどんな種類がありますか)

③料金についてたずねる(1)
Is there a weekend rate?
(週末特別料金はありますか)

④料金についてたずねる(2)
How much is it per day?
(一日いくらですか)

⑤乗り捨てについてたずねる
How much is the drop-off charge?
(乗り捨て料金はいくらですか)

PART2・レンタカー

I'd like to reserve ‹make a reservation for› a compact car for three days starting this Friday. (小型車を今週の金曜から3日間予約したい)と、希望の車種と期日を一度にいってもよい。reserve のかわりに rent（借りる）を使うこともできる。

こう聞けば、We have Toyota Corollas and Nissan Sentras available for rent.（カローラとセントラが空いています）などと答えがくる。普通、レンタカーは、(sub-)compact*（小型）、medium-size/mid-size（中型）、full-size（大型）、luxury（高級）に分類される。

ある車種の料金は、I'd like to know what the rates are for renting a compact car for three days.（小型車を3日間借りるといくらになりますか）のように聞く。長期間借りるなら、What's the weekly rate?（1週間ごとの料金はいくらですか）とたずねてみよう。

We have a Toyota Corolla available for rent.（カローラが1台空いてます）などといわれたら、こう料金をたずねる。(It's) $45.00 per day with a hundred free miles per day.（1日45ドルで、走行料金は1日100マイルまで無料です）などといわれるはずだ。

How much will that be if I drop it off in Boston?（ボストンで乗り捨てたらいくらになりますか）と、場所を指定してもよい。乗り捨て可能かどうかは、Can we drop it off at any of your branches?（おたくの支店ならどこでも乗り捨てできますか）などと聞く。

*「小型車」のことを、顧客は compact car といい、レンタカー会社のほうは sub-compact car という傾向がある。

SECTION 1 予約を取るとき

①席を予約する

I'd like to reserve a table for two at seven tonight.

(今晩7時、2名の予約をしたいのですが)

②禁煙席を頼む

We prefer to sit in the non-smoking section.

(禁煙席をお願いします)

③窓際の席を頼む

We prefer a table by the window.

(窓際のテーブルを予約したいのですが)

④当日のライブは誰かたずねる

Who's performing tonight?

(今夜は誰が出演しますか)

⑤個室があるかたずねる

Do you have a private dining room?

(個室はありますか)

reserve は make a reservation としてもよい。この後に、My name is Sato—S-A-T-O. と名前とつづりを続ければ完璧だ。先に May I have your name, please? (お名前をどうぞ)といわれたら、Yes, it's Sato—S-A-T-O. と名前とつづりを告げる。

最近は、レストランにはたいてい、禁煙セクション(non-smoking section) と喫煙セクション(smoking section) が設けてあるので、座席の好みを指定しよう。We'd like a table in the non-smoking section. (禁煙席をお願いします)ということもできる。

Can I reserve a table near the window? (窓の近くのテーブルをお願いできますか)のようにたずねてもよい。ライブ演奏をやっている店なら、We prefer to sit near the stage. (ステージに近い席をお願いします)のように場所の希望をいうのもよいだろう。

ライブ演奏をやっているかどうかは、Do you have a live performance at your restaurant? (お宅ではライブはやっていますか)とたずねる。答えが Yes なら、What time does it start tonight? (今晩は何時に始まりますか)とか、左のように出演者をたずねてみよう。

会食のときは、小宴会用の個室 (private dining room) を予約しよう。こう聞いて、答えが Yes なら、Is there any special charge for it? (部屋の使用料金はありますか)とか、How many people does it accommodate? (何人入れますか)と聞いてみよう。

SECTION 1　予約を取るとき

①切符を買う

Can I have two balcony seats for *Cats* for the 10th?

(『キャッツ』の10日のバルコニー席を2枚ください)

②何を上演しているかたずねる

What's playing at the National Theater?

(ナショナル・シアターではいま何を上演していますか)

③席の希望をいう

Do you still have front-row seats on the second level?

(2階前列の席はまだありますか)

④カードで支払う

Can I charge it on my VISA card?

(ビザカードにつけてください)

⑤開演時刻をたずねる

What time does the performance start?

(何時開演ですか)

ミュージカルやコンサートの切符を買うときは、新聞や雑誌の娯楽欄に出ている ticket agency に電話すると便利だ。I'd like to reserve three seats for ... for the evening of 11th. (……の11日の夜の切符を3枚ほしいのですが) のようにいってもよい。

特に見たいものが決まっているわけではない場合は、ticket agency の人にこう聞いてみよう。映画館への問い合わせにもこの表現が使える。Which shows are popular right now? とか、What's popular now? と、いま何がヒット中かたずねてみるのもよいだろう。

こう聞いて答えが Yes なら、I'd like (to have) two tickets. (2枚ください) とか Can I have one seat? (1枚ください) といって券を買う。「残っている中でいちばんいい席がほしい」場合は、Can I have the two best seats available? と聞いてみよう。

電話で切符を買うときは、カードで支払うのが普通だ。How would you like to pay for these tickets? と支払い方法を聞かれたら、こういうか、I'd like to charge it to my VISA. とカード名をいい、その後にカード番号や有効期限を伝えればよい。

開場時刻は、What time does the theater open? (何時開場ですか) とたずねる。上演の長さを知りたければ、How long is the performance? だ。上演時間が長い場合は、Is there an intermission? (休憩はありますか) と聞いておくのもよいだろう。

SKITS

SKIT 1 — シカゴ発マイアミ行きの往復航空券がほしいんですが。

Receiver(R): Intercontinental Airlines. May I help you?

Caller(C): Yes. I'd like a round-trip ticket from Chicago to Miami, leaving on Thursday, the 12th and returning on Saturday, the 14th.

R: OK. Let me check if there are seats available on those days... We have flights leaving Chicago at 10:15 a.m., noon, and 3 p.m.

C: The 10:15 flight would be the best.

R: OK. And returning from Miami, there are flights at 7 a.m., 12:30 p.m., and 5:30 p.m.

C: Well... I'd like to take the 12:30 flight. How much will the ticket come to?

R: $426.

C: $426?!

R: But if you return on Sunday, you can take

SKIT 1

受け手(R)：インターコンチネンタル航空です。ご用件をどうぞ。
かけ手(C)：12日木曜日発、14日の日曜に帰着のシカゴ発マイアミ行きの往復航空券がほしいんですが。
R：わかりました。空席を調べてみましょう……シカゴ発は10時15分、正午、午後3時の便があります。
C：10時15分の便がいいですね。
R：マイアミからは午前7時、午後12時30分、午後5時30分の便がありますが。
C：そうですね……12時30分の便にします。いくらになりますか。
R：426ドルです。
C：426ドル?!
R：もし日曜に戻られるなら、週末割引料金で333ドルになりますが。
C：ずいぶんちがいますねえ。でも、残念ですが、土曜に戻らないといけ

CHAPTER 3 生活編

advantage of our weekend discount fare of $333.

C: That's quite a difference. But unfortunately, I have to come back on Saturday. Could you book me on that flight?

R: The 12:30 flight on Saturday?

C: Yes.

R: OK. May I have your last name and first initial, please?

C: Yes. The last name is Yoshida—Y-O-S-H-I-D-A. And the first initial is, T, as in Tokyo.

R: All right, Mr. Yoshida. You're booked on Flight 102 to Miami, leaving Chicago at 10:15 a.m. on the 12th; and returning from Miami on Flight 209 at 12:30 p.m. on the 14th. The total cost is $426. How will you be paying for the ticket?

C: Do you accept VISA?

R: Yes. What's your card number, please?

C: It's 1234-5678-9098-7654.

ないんです。その便を予約していただけますか。
R：土曜の12時30分の便ですね。
C：そうです。
R：では、名字と名前のイニシャルを教えていただけますか。
C：吉田—Y-O-S-H-I-D-A です。名前のイニシャルは TOKYO の T です。
R：わかりました、吉田様。12日の午前10時15分シカゴ発マイアミ行き102便と、14日午後12時30分マイアミ発209便のご予約をお取りいたしました。料金は426ドルです。お支払いはどのようになさいますか。
C：ビザカードは使えますか。
R：はい。カード番号は。
C：1234-5678-9098-7654です。
R：有効期限は。
C：1995年10月です。

R: And the expiration date?
C: October 1995.

SKIT 2 荷物が見つかったんですか。

Receiver(R): Hello.
Caller(C): Hello. I'm calling from Intercontinental Airlines. Is this Mr. Yoshida?
R: Yes. Have you found my baggage?
C: Yes. It was found at JFK Airport.
R: And when will it arrive in Chicago?
C: It'll be here by noon.
R: Can I have it delivered to me today? I need it as soon as possible.
C: Yes. We'll deliver it to your hotel sometime this afternoon.
R: I have to go out this afternoon. Could you leave it with the front desk clerk?
C: Certainly. And we're sorry to have caused

SKIT 2

受け手(R)：もしもし。
かけ手(C)：インターコンチネンタル航空ですが。吉田さんですか。
R：はい。荷物が見つかったんですか。
C：はい、JFK 空港で見つかりました。
R：で、いつシカゴに届くんでしょうか。
C：正午までにこちらに届きます。
R：きょう私のところまで届けていただけますか。できるだけ早く必要なんです。
C：午後にホテルまでお届けします。
R：午後は外出しないといけないんです。フロントに預けておいていただけますか。
C：かしこまりました。ご迷惑をおかけして、たいへん申し訳ありませ

CHAPTER 3 生活編

you so much trouble.

SKIT 3 　小型車には何がありますか。

Receiver(R): Good afternoon. Tried and True Rent-a-Car.
Caller(C): Hi. I'd like to reserve a car for the weekend, starting Friday.
R: OK. Luxury, mid-size or compact?
C: What do you have in a compact?
R: We have Compass Gems and Trevi Electrons.
C: Hm. I'd like an Electron, then.
R: Just to let you know, ma'am, with our special weekend rates, a mid-size is only three dollars more per day than a compact.
C: What are the daily rates?
R: Twenty-one dollars for a compact, and 24 for a mid-size. And the mid-size cars have a lot

んでした。

SKIT 3

受け手(R)：ありがとうございます。トライド・アンド・トゥルー・レンタカーでございます。
かけ手(C)：こんにちは、今週末、金曜日から1台借りたいんですが。
R：はい。大型、中型、小型どちらにしましょう。
C：小型車には何がありますか。
R：コンパス・ジェムとトレビ・エレクトロンがありますが。
C：うーん。それじゃエレクトロンがいいわ。
R：お客さん、週末割り引きがありますから、1日あたり3ドルの差額で中型車が借りられますよ。
C：1日いくらになるんですか。
R：小型車が21ドル、中型車が24ドルです。中型車なら足元がゆったりですよ。

more legroom.

C: Well . . . I'm only five feet tall. I'll stick with the compact.

SKIT 4 木曜日の夜にふたり分の席を予約したいんですが。

Receiver(R): Good evening. Milestone Corner.
Caller(C): Hello. I'd like to reserve a table for two on Thursday evening.
R: For what time, sir?
C: Eight o'clock.
R: Smoking or non-smoking?
C: We prefer to sit in the the non-smoking section.
R: May I have your name, please?
C: Yes, it's Abe—A-B-E.
R: All right, Mr. Abe. A table for two on Thursday evening at eight, non-smoking—is that right?
C: Right. Thank you.
R: Thank you for calling.

C：そうねえ……私は背が5フィートしかないから、小型にしとくわ。

SKIT 4

受け手(R)：こんばんは、マイルストーン・コーナーです。
かけ手(C)：もしもし。木曜の夜ふたり分の予約をしたいんですが。
R：何時になさいますか。
C：8時です。
R：喫煙席、禁煙席どちらですか。
C：禁煙席がいいんですが。
R：お名前をいただけますか。
C：はい、阿部です。A-B-E です。
R：わかりました、阿部様。木曜の夜8時に2名様、禁煙席で、ということですね
C：ええ。どうもありがとう。
R：お電話ありがとうございました。

電話の過去・現在・未来

　昔、初めて電話が一般家庭に登場したころの電話機は、今とはかなり形が違ったものだ。まず、受話器をフックに引っ掛けるような形だったのが第一の特徴だ。そのため英語では、いまだに hang up（引っ掛ける）が「電話を切る」という意味で使われているというわけだ。

　また、昔の電話はダイヤル式 (rotary telephone) だ。しかし、丸いダイヤルがついていないプッシュホン (touch tone telephone) が主流になった今も、dial the number（番号をダイヤルする）や dial tone（発信音）など、dial ということばが使われているのも面白い。

　こういった電話の表現は一度定着すると、どんなに形が変化しようと、簡単には変わらないもののようだ。考えてみれば、日本語の「もしもし」も、古風な表現だ(これは、電話が発足した明治時代に誰かが電話用に考え出した表現らしい)。また、日本語ではなぜ電話を「かける」というのだろうか？　「切る」は何となくわかるが、よく考えるとおかしなものだ。こういった表現は、日本語を学ぶ外国人にとっては大変奇異なものにちがいない。

　cordless telephone（コードレス電話)、mobile telephone（移動電話)、car telephone（自動車電話)、そして電話回線を使った computer network（コンピュータ・ネットワーク）など、電話がどんどん姿を変え、応用範囲を広げている今日このごろ、果たして今後電話にまつわる表現がどのように使われて行くのか楽しみだ。

（高橋朋子）

SECTION 2

ホテルに泊まるとき

CHAPTER 3 生活編

　ホテルと電話は切っても切れない仲です。まず、ホテルの予約をするのに電話。予約の確認や変更なども電話です。
　そして、ホテル宿泊中は、電話がさらに大活躍します。フロントに電話したり、ルームサービスを注文したり（ときには苦情を述べたり）、モーニングコールを頼んだり、コンサートなどの情報を得たり、と電話を使う機会がたくさんあります。
　つまり、ホテルの内線電話をフルに活用することこそ、宿泊客としての特権といえるでしょう。いいかえれば、ホテルでの宿泊を快適なものにするかどうかは、電話の活用の仕方で決まるということです。
　そこで、ここでは、ホテルの予約や滞在中に有効な表現をみていくことにしましょう。

SECTION 2 ホテルに泊まるとき

PART 1・ホテルの予約

①部屋を予約する

I'd like to reserve a single room.

(シングルをひと部屋予約したいのですが)

②滞在期間を述べる

I'd like to make a reservation for three nights.

(3泊予約したいのですが)

③宿泊料金についてたずねる

What's the price of the room, including tax?

(その部屋は税込みでいくらですか)

④使えるクレジットカードについてたずねる

Do you accept VISA?

(ビザカードは使えますか)

⑤希望をいう

I'd like a room with an ocean view.

(海の見える部屋がいいのですが)

こう切り出すと、OK, for what date? (はい、何日の予約ですか)のように聞かれる。For June 10th. (6月10日です)などと答え、名前を告げる。I'm sorry—we are completely booked that day. (申し訳ありません。その日はいっぱいです)といわれたら、他を当たろう。

I'd like to reserve a single room for two nights from this Friday till Sunday ⟨arriving on January 10th⟩. (シングルを1部屋、今週の金曜から日曜にかけて⟨1月10日の到着で⟩2泊予約したい)と、部屋の種類、日程、滞在期間を一気にいってもよい。

What's the price of the single⟨double⟩ room? (シングル⟨ダブル⟩の部屋はいくらですか)とたずねてもよい。料金全般について知りたい場合は、I'd like to know about your rates. (おたくの宿泊料金のことを知りたいのですが)と切り出せる。

カードの番号などは、The number is . . . , and the expiration date . . . (番号は……、有効期限は……です)と伝える。到着が遅くなる場合は、Could you guarantee my room? といい、カード番号などを伝え、部屋を確保しておこう。

この他、a room with a mountain view (山の見える部屋)、a quiet room (静かな部屋)、a non-smoking room (禁煙の部屋)、a sunny room (日当たりのよい部屋)などで練習してみよう。I'd like . . . のほかI prefer . . . を使ってもよい。

SECTION 2 ホテルに泊まるとき

⑥ホテルまでの行き方をたずねる

Can you tell me how to get there?

(そちらへはどう行くのですか)

⑦送迎バスについてたずねる

Where at the airport can I get your shuttle bus?

(そちらへの送迎バスは、空港のどこで乗るのですか)

⑧予約の変更をする

I'd like to change my reservation.

(予約の変更をしたいのですが)

⑨予約をキャンセルする

I'd like to cancel my reservation for Friday.

(金曜日の予約をキャンセルしたいのですが)

⑩キャンセル番号をもらう

Can you tell me the cancellation number?

(キャンセル番号を教えてください)

PART1・ホテルの予約

CHAPTER 3 生活編

どのような交通手段がよいか知りたい場合は、What is the best ‹least expensive/quickest/safest› way to get to your hotel from the airport? (空港からそちらのホテルへは、何で行くのがいちばんいい‹安い／速い／安全›ですか)のようにたずねる。

送迎バスのあることがわかっている場合は、左のように乗り場をたずねてみよう。Do you have a shuttle bus from the airport? (空港からの送迎バスはありますか)と聞いて Yes という答えの場合は、Where can I get it? (どこで乗るのですか)とたずねる。

日程の変更なら、I'd like to change my reservation from May 4th to the 6th. (5月4日の予約を6日に変えたい)のようにいう。部屋の追加は、I'd like to reserve one more room under my name. (私の名前でもう1部屋予約したい)のようにいうとよい。

こういって、My name is Suzuki. (鈴木と申します)のように名前を告げよう。予約確認番号がもらってある場合は、この後に、The confirmation number is... (予約確認番号は……です)と告げれば、手続きがより簡単になる。

Could you give me the cancellation number? といってもよい。キャンセルのときは、こういってキャンセル番号をもらっておくと、間違って部屋代をカードにつけられた場合、キャンセルしたことの証明になる。cancel の名詞は cancellation。

SECTION 2　ホテルに泊まるとき

PART2・ホテル滞在中の内線電話

①貴重品を預ける

I'd like to deposit my valuables in a safety deposit box.

(セーフティーボックスに貴重品を預けたいのですが)

②メッセージを受け取る

My message light is on.

(メッセージランプがついているのですが)

③施設についてたずねる

Where is the health club?

(フィットネスクラブはどこにありますか)

④モーニングコールを頼む

I'd like a wake-up call at five tomorrow morning.

(あすの朝5時にモーニングコールをお願いしたいのですが)

⑤アイロンを借りる

Can I borrow an iron?

(アイロンを貸してもらえますか)

safety deposit box（宿泊客用の小型金庫）を利用するときは、金庫が使えるかどうか確認する意味で、あらかじめ部屋からフロントに電話して行くと安心だ。I'd like to open a safety deposit box.（セーフティーボックスを利用したいのですが）のようにいってもよい。

最近は、たいていのホテルでは、伝言があると部屋の電話についている小さなランプが点灯するようになっている。その場合は、左のようにいうか、自分の部屋番号を告げた後に、Are there any messages for me?（私宛てにメッセージがありますか）とたずねてもよい。

プールなどの施設があるかどうかは、Do you have a swimming pool ‹sauna›?（プール〈サウナ〉はありますか）とたずね、答えがYesなら、Where is it?（どこですか）とか、When is it open?（何時から何時まで開いていますか）と聞いてもよい。

「モーニングコール」は和製英語。英語ではwake-up callだ。Could you give me a wake-up call at seven?（7時にモーニングコールをしてもらえますか）と頼んでもよい。部屋に備え付けのclock radio（ラジオ付き時計）が信用できないときは、こう頼んでおこう。

アイロンやドライヤー(hair dryer)は、あれば無料で貸してくれるホテルが多い。タイプライターなどの事務機器は、接客係(concierge)に、Can I *rent* a typewriter?（タイプライターを借りたいのですが）と、rent（［料金を払って］借りる）を使って聞いてみよう。

SECTION 2 ホテルに泊まるとき

PART2・ホテル滞在中の内線電話

⑥電話をつないでもらう

Please connect me to Room 202.

(この電話を202号室につないでください)

⑦電話使用料金についてたずねる

Is there a surcharge for local calls?

(市内通話には追加料金がつくのですか)

⑧国際電話についてたずねる

Can you tell me how to make an international call?

(国際電話はどうやってかけるのですか)

⑨ルームサービスを頼む

Can I get breakfast in my room tomorrow morning?

(あすの朝食を部屋までお願いしたいのですが)

⑩ルームサービスを催促する

The pizza I ordered earlier hasn't come yet.

(さっき注文したピザがまだ来てません)

ホテルの部屋同士の電話 (room-to-room call) は、普通部屋番号をそのままダイヤルすればよい。しかし、ロビーなどの内線電話 (house phone) にはダイヤルやボタンがないことが多い。その場合は、交換手 (operator) に左のように頼んで部屋につないでもらう。

surcharge は「追加料金／割り増し料金」。普通なら安い市内通話も、ホテルだと何倍も請求されることがある。How much do you charge for a local call? (市内通話は1回いくらですか) と聞いてもよい。高い場合は、公衆電話 (pay‹public› phone) を利用しよう。

「長距離電話」なら long-distance call だ。「国際電話」は overseas call ともいう。How do I make an international call? (国際電話はどうやってかけるのですか)、How can I call Japan? (日本に電話するにはどうしたらいいのですか) などと聞いてもよい。

ルームサービスは、まず This is Room 123. (123号室です) と部屋番号をいってから、左のように続けるか、I'd like one continental breakfast at seven. (7時にコンチネンタルブレックファーストをひとり分お願いします) のように、品目や数、時間をいって注文する。

ここでもまず部屋番号をいってから、話を切り出そう。My order hasn't come yet. (注文の品がまだ来てません) とか、I ordered a pizza about an hour ago and it still hasn't come. (1時間ほど前にピザを注文したのに、まだ来てません) などともいえる。

SECTION 2 ホテルに泊まるとき

PART2・ホテル滞在中の内線電話

⑪エアコンがきかないという

Something's wrong with the air conditioner.

(エアコンの調子がおかしいのですが)

⑫トイレの水が止まらないという

The toilet won't stop flushing.

(トイレの水が止まらなくなりました)

⑬お湯が出ないという

The hot water in the shower doesn't work.

(シャワーからお湯が出ません)

⑭電気がつかないという

The light isn't working.

(電気がつきません)

⑮タオルがないという

I can't find any towels in my room.

(部屋にタオルが見当たりません)

何かの調子がおかしいときは、この Something's wrong with... が便利だ。または、The air conditioner ‹refrigerator/TV› is not working ‹out of order›. (エアコン‹冷蔵庫／テレビ›が故障しています)のようにいうこともできる。

「トイレの水が出ない」は、The toilet won't flush. だ。他にトイレに関する苦情としては、The toilet is making an annoying noise. (トイレが気に触る音を立てています)、The toilet is clogged. (トイレがつまってしまいました)などが考えられる。

There is no water coming out of the faucet. (蛇口から水が出てきません)とか、The bathtub is clogged. (バスタブの水が流れません)、Water is leaking from the sink. (洗面台から水が漏っています)などということもあるだろう。

他の電気機器の調子が悪い場合も、The TV ‹radio› is not working. のようにいえる。電球が切れている場合は、The light bulb ‹One of the light bulbs› in the bathroom is out. (バスルームの電球が[ひとつ]切れています)のようにいう。

こういった苦情は、Housekeeping という部署に電話するのが普通だ。左のようにいうか、Could you send up some towels? I don't have any in my room. (タオルを持ってきてくれませんか。ここには全然ないんです)と頼めば、メイドが届けてくれるはずだ。

SECTION 2 ホテルに泊まるとき

PART2・ホテル滞在中の内線電話

⑯チェックアウトについてたずねる(1)

Is there an express checkout service?

(エクスプレス・チェックアウト・サービスはやっていますか)

⑰チェックアウトについてたずねる(2)

Will you prepare my bill for me tonight?

(今夜のうちに勘定書を用意しておいてください)

⑱荷物を取りにきてもらう

Would you send someone up for my bags?

(誰かに荷物を取りに来てもらえませんか)

⑲タクシーを呼んでもらう

Can you call a taxi for me?

(タクシーを呼んでいただけますか)

⑳忘れ物をしたという

I checked out of your hotel this morning, and I think I left my handbag in my room.

(今朝チェックアウトした者ですが、部屋にハンドバッグを忘れたようです)

CHAPTER 3 生活編

エクスプレス・チェックアウト・サービスというのは、チェックイン時にカードの写しを取らせてある場合など、所定の用紙にサインして鍵と一緒に渡すだけでチェックアウトができ、明細と領収書は後日送ってくれるサービスだ。

出発の前の晩に支払いをすませば、翌朝時間が節約できる。チェックアウトの時間は、When is the check-out time? とたずねる。bill は「請求書」だ。「明細書」がほしい場合は、Can you prepare an itemized bill for me? (明細を用意してください)と頼む。

ベルボーイ (bellboy) が必要なときは、Bell Captain か Front Desk に電話し、This is Room 123. I'm checking out. (123号室ですが、チェックアウトします)と前置きして、こう告げる。Can you send a bellboy up? (ベルボーイをよこしてください)でもよい。

こういった後に、I'm going to the airport. (空港に行きたいので)と説明してもよい。ホテルの送迎バスがある場合は、What time is the next shuttle bus leaving for the airport? (次の空港行きの送迎バスは何時出発ですか)などと聞いてみるとよい。

忘れ物をしたときは、すぐホテルに電話して説明しよう。I stayed in Room 123. (123号室に泊まっていました)、I checked out around ten o'clock. (10時頃チェックアウトしました)、It's a black leather bag. (黒の皮のバッグです)などとはっきり告げる。

SKITS

SKIT 1 — 3泊の予約をしたいんですが。

Receiver(R): Hotel Montana.
Caller(C): I'd like to make a reservation for three nights, from Friday the 10th to Sunday the 12th.

SKIT 1

受け手(R)：ホテル・モンタナでございます。
かけ手(C)：10日の金曜日から12日の日曜日まで、3泊の予約をしたいんですが。
R：かしこまりました。シングルですか、ダブルですか。
C：シングルをお願いします。部屋代は税込みでいくらですか。
R：1泊57ドルです。
C：ビザカードは使えますか。
R：はい。
C：飛行機で行くんですが、空港からのシャトル・バスはありますか。
R：はい。北ターミナルからご乗車ください。
C：ありがとう。

CHAPTER 3 生活編

R: All right. Single or double-room?
C: Single, please. What's the price of the room, including tax?
R: Fifty-seven dollars per night.
C: Do you accept VISA?
R: Yes, we do.
C: I'm going to be flying in. Do you have a shuttle bus from the airport?
R: Yes, we do. You can catch it outside the North Terminal.
C: Thank you.

SKIT 2 さっき頼んだピザがまだ来ないんです。

Caller(C): Hello. This is Jim Barkley in room 532. The pizza I ordered earlier hasn't come yet.
Receiver — Front Desk(R): I'll check with room service and see what the delay is.

SKIT 2

かけ手(C)：もしもし、532号室のジム・バークリーですが、さっき頼んだピザがまだ来ないんです。
受け手・フロント(R)：ルームサービスに連絡してどういうことかお調べします。
C：もうひとつあります。エアコンの調子がおかしいんですが。
R：どうしました？
C：熱風が出てくるんです。熱くてしかたありませんよ。誰か調べによこしてくれませんか。
R：下のほうにある青いスイッチを切り替えてみてください。エアコンが作動すると思います。

C: And another thing, something's wrong with the air conditioner.

R: What's wrong with it?

C: It's blowing out heat. It's sweltering in here. Can you send someone up to look at it?

R: I think if you flip the blue switch near the bottom it will activate the air conditioner.

所変われば品変わる

　「所変われば品変わる」というが、ノルウェーで使われている電話機は特殊だ。同国を訪れたことのある人は、すでにお気づきのことだろうが、ノルウェーでは、ダイヤルの番号の並び方が違うのだ。

　まず、今は珍しくなったダイヤル式電話 (rotary phone) を思い浮かべてほしい。普通は、時計と反対方向に123となっているはずだ。ところが、ノルウェーの電話は、番号の並び方がまったく逆なのだ。プッシュフォン (touch-tone telephone) の場合も、番号の並び方が少々異なる。普段はそれほど気にしていなくても（慣れとは恐ろしいもので）ちょっと違うとかなり調子が狂うものだ。

　また、電話のやり取りの習慣も国によって違う。たとえば、フランスでは電話というのは迷惑なものと考えられているため、電話をした側は、どんな時間にかけても「電話で迷惑をかけて申し訳ない」と、まず最初にあやまるのが習慣だという。特に、夕飯の時間や夜遅い時間はいうまでもない。

　もちろん、こういった気配りは、他言語でも歓迎すべきものだ。夜遅く電話してきて、I'm sorry to call so late. (夜分遅く申し訳ありません) の一言がない場合は、電話で起こされた以上にムッとくるものだ。つまるところ、電話を賢く使うには、常識をフルに活用する必要があるということのようだ。

　　　　　　　　　　　　　　　　　　　（高橋朋子）

SECTION 3

長距離電話を申し込むとき

CHAPTER 3　生活編

　海外に滞在しているときは、当然、英語で電話をしなければならない事態がたくさん起きてきます。
　たとえば、公衆電話から長距離電話をかけるとか、指名通話やコレクトコールを申し込む、といった場合、まず交換手に電話しなければならないからです。また、クレジットカードを使って電話するとか、自分にコレクトコールがかかり、交換手とやりとりをするといったこともあるでしょう。番号案内を利用するのも、電話をかける以前の電話英会話といえます。
　ここでは、こういった「電話の前の電話」(交換手とのやり取り)に欠かせない表現をみてみることにしましょう。

SECTION 3　長距離電話を申し込むとき

①国際電話をかけたいという

I'd like to place a call to Japan.

(日本へ国際電話をかけたいのですが)

②クレジットカードを使いたいという

I'd like to place a credit card call to Tokyo.

(クレジットカードを使って東京に電話したいのですが)

③ホテルの部屋にチャージしたいという

I'd like to charge this call to my hotel room.

(この通話料金をホテルの部屋につけていただけますか)

④国番号などを伝える

Country code 81, area code 425, and the number is 77-2406.

(国番号が81、市外局番が425、番号が77-2406です)

⑤長距離電話を申し込む

I'd like to make a long-distance call to San Francisco, please.

(サンフランシスコに長距離電話をかけたいのですが)

「電話をかける」は、この place a call という表現がよく使われる。I'd like to make an international ‹overseas› call to Japan.(日本へ国際電話をかけたい)のように、make a (phone) call を使ってもよい。単に I'd like to call Japan. というのも可。

a credit card call は文字通り「クレジットカードを使った通話」だ。I'd like to charge this call to my VISA card. (この通話料金を VISA カードにつけてもらいたいのですが)ということもできる(下の③参照)。

アメリカでは、ホテルの電話に限らず、相手の電話と自分が実際に使っている電話以外の番号(third number)に料金をつけることができる。その場合は、I'd like to charge this call to a third number. (他の番号にこの通話料金をつけたい)と申し込む。

国際電話をかけるときは、このように交換手に告げればよい。また、アメリカからであれば、まず011をダイヤルしてから、国番号(country code)+市外局番(area code)+番号の順でダイヤルするという方法もある。

アメリカで、公衆電話から市外にかけると、Please deposit two dollars and 50 cents for the first three minutes. (最初の3分間の通話料金 $2.50 を入れてください)という答えが返ってくる。アメリカにはテレホンカードがないので、小銭が必要だ。

SECTION 3　長距離電話を申し込むとき

⑥コレクトコール(相手払い通話)を申し込む

I'd like to make a collect call to Japan.

(日本にコレクトコールをかけたいのですが)

⑦パーソナルコール(指名通話)を申し込む

I'd like to make a person-to-person call to Mr. Katsuhiko Yamada.

(山田克彦さんにパーソナルコールをかけたいのですが)

⑧ダイヤル通話ができるかたずねる

Can I dial direct?

(ダイヤル通話ができますか)

⑨番号通話を申し込む

Station-to-station, please.

(番号通話でお願いします)

⑩コレクトコールの相手の名前を確かめる

Can you tell me the name of the caller again?

([コレクトコールの]相手の名前をもう一度いってください)

CHAPTER 3 生活編

交換手にこう告げると、What is your name? とか、Your name, please. と、必ず名前を聞かれる。<u>It's</u> ‹My name is› Taro Nakamura. I'd like to talk to Mr. Ichiro Yamada. (中村太郎です。山田一郎さんと話したいのですが)などといって申し込む。

指名通話 (person-to-person call) は、話したい相手がいなければ通話料金がタダという利点がある。この場合は、話したい相手の名前が最も重要になる。日本人の名前に慣れていない交換手には、Y-A-M-A-D-A と、つづりもいってあげると親切だ。

ホテルなどでは、ダイヤル通話ができないことがある。できるかどうかは、左のように聞いてみよう。答えが Yes の場合は、How do I make a direct dial call to Japan? (日本へのダイヤル通話はどのようにかけるのですか)とたずねる(できない場合は下の⑨参照)。

ダイヤル通話ができないので交換手を通したが、実際には通常の通話をしたい場合は、交換手にこのように告げよう。I'd like to make a station-to-station call, please. といってもよい。続いて、The number is ... (番号は……です)と告げればよい。

コレクトコールを受ける場合は、交換手から、You have a collect call from Taro Nakamura. Will you accept (it)? (中村太郎さんからコレクトコールです。お受けになりますか)と聞かれる。相手が誰かわからないときは左のように聞き返そう。

SECTION 3 長距離電話を申し込むとき

⑪料金を知らせてほしいという

Would you tell me the charge?

(料金を後で知らせてください)

⑫特別料金があるかをたずねる

Do you have a lower evening rate?

(夜間割引料金はありますか)

⑬番号案内を利用する(1)

I'm trying to reach Mr. John Davis in San Francisco.

(サンフランシスコのジョン・デイビスさんと連絡を取りたいのですが)

⑭番号案内を利用する(2)

Could you give me the toll-free number for United Airlines?

(ユナイテッド航空のフリーダイヤルの番号を教えてください)

⑮番号案内を利用する(3)

May I have the area code for Chicago, please?

(シカゴの市外局番は何番ですか)

長距離の場合は、How much does it cost to call Chicago? (シカゴに電話をしたらいくらになりますか)などと事前に交換手に聞くのもよい。How much would I save if I called after 11? (11時過ぎだといくら節約できますか)などとたずねることもできる。

アメリカでは、たいていの地域／電話会社が、平日の8時から17時までが普通料金 (day ‹standard› rate)、17時から23時までが evening rate、23時から翌朝8時までが night ‹economy› rate。週末は(一定期間を除き) weekend rate で、economy rate と同料金だ。

番号案内 (directory assistance) を利用する場合は、このように告げる。Could you give me the number for Mr. John Davis in San Francisco? (サンフランシスコのジョン・デイビスさんの電話番号を教えてください)のようにいってもよい。

What's the toll-free number for United Airlines? といってもよい。「フリーダイヤル」は和製英語。英語では toll-free number といい、アメリカでは1-800で始まるため、one eight hundred number ともいう。call toll-free は「フリーダイヤルで電話する」。

「市外局番」は、number ではなく code を使い、area code という。国番号は country code だ(p. 236の④参照)。What is the area code for Chicago, please? (シカゴの市外局番は何番ですか)のように聞くこともできる。

SKITS

SKIT 1 — 日本にコレクトコールでかけたいんですが。

Operator(O): Operator.

Caller(C): Hello. I'd like to make a collect call to Japan.

O: Your name, please?

C: It's Yoshio Wada.

O: Who would you like to talk to?

C: I'd like to talk to Mr. Ichiro Yamada.

O: Is that Ichiro Yamada?

C: That's right.

O: What number are you calling from, please?

C: Area code 513, 555-6678.

O: And the number in Japan, please?

C: Country code 81, area code 138, and the number is 12-3456.

O: Hold the line, please. I'll put your call through.

SKIT 1

オペレーター(O)：オペレーターです。
かけ手(C)：もしもし、日本にコレクトコールでかけたいんですが。
O：お名前をお願いします。
C：和田義男です。
O：どなたとお話なさいますか。
C：山田一郎さんをお願いします。
O：山田一郎様ですね。
C：そうです。
O：何番からおかけですか。
C：エリアコード513、555-6678です。
O：日本の先方様の番号は何番でしょう。
C：国番号が81、市外局番が138、番号は12-3456です。
O：そのままお待ちください。おつなぎします。

CHAPTER 3 生活編

C: Thank you.

SKIT 2 あとで料金を教えていただけますか。

Receiver(R): Good afternoon. Tokyo Trading.
Operator(O): This is the operator. You have a collect call from a Ms. Bennet in Chicago. Will you accept the charges?
R: Yes, I will. Would you tell me the charge afterwards?
C: Yes. When the call is completed, please hang up and I'll call you back. Ms. Bennet? Go ahead, please.

SKIT 3 サンフランシスコ市の市外局番は何番でしょうか。

Information(I): Information.
Caller(C): What is the area code for the city of

C：ありがとう。

SKIT 2

受け手(R)：はい、東京貿易です。
オペレーター(O)：こちらはオペレーターです。シカゴのベネット様からコレクトコールのご希望です。料金をお払いになりますか。
R：はい。あとで料金を教えていただけますか。
O：通話がおすみになったらお電話をお切りください。こちらからおかけなおしいたします。ベネット様、お話しください。

SKIT 3

番号案内(I)：番号案内です。
かけ手(C)：サンフランシスコ市の市外局番は何番でしょうか。
I：415です。

San Francisco, please?
I: It's 415.
C: Did you say 415?
I: That's right.
C: Thank you.
I: You're welcome.

SKIT 4 ジョン・デイビスさんの番号はわかりますか。

Information(I): Information.
Caller(C): Do you have the number for Mr. John Davis in San Francisco?
I: Just a moment, please. . . . There are several John Davises listed. Do you have the address?
C: He lives on 24th Street and his middle initial is C. Does that help?
I: Davis, John C . . . Yes, there is a listing for a John C. Davis on 24th Street. The number is 765-4321.

C：415ですか？
I：そうです。
C：どうもありがとう。
I：どういたしまして。

SKIT 4

番号案内(I)：番号案内です。
かけ手(C)：サンフランシスコのジョン・デイビスさんの番号はわかりますか。

I：少々お待ちください。ジョン・デイビスという方は数名いらっしゃいます。住所はおわかりですか。
C：24番街に住んでいて、ミドルネームのイニシャルは C です。これでわかりますか。
I：デイビス、ジョン C ……24番街のジョン C. デイビスという方がリストにあります。電話番号は765-4321です。

TELEPHONE BOOTH ⑮

コーリングカードを使うときは要注意

　公衆電話から長距離電話をかける場合、日本にはテレフォンカードという便利なものがある。ところが、アメリカにはこれに匹敵するものがない。

　長距離をかけるのに、コレクトコールでは相手に悪い。それでは、小銭をジャラジャラ持ち歩くしかないのだろうか？　しかし、これではあまりに文明国という感じがしない。実は、アメリカには calling card（コーリングカード）というものが存在するのだ。

　このカードは、自分が使っている長距離電話会社から発行してもらうもので、このカードの番号を使って外で電話すると、後で自宅の電話の請求書にその通話料金が加算されてくるシステムである。

　しかし、これにはひとつ問題がある。それは、カードの番号さえ知っていれば、誰にでも使えるため、盗用される恐れがあるということだ。たとえば、カード番号を公衆電話周辺で盗み見された場合は悲劇だ。知らない人が知らない電話番号に無差別に電話しまくり、その通話料が自分の請求書に加算されてくるはめになるからだ。

　最近では、この手の犯罪の多いニューヨークでは、コーリングカードの盗用を警告するプレートが各所で見られるようになった。それにしても、こういうカードがあるくらい文明国なのだから（？）、もうちょっとどうにかならないものだろうか。

（高橋朋子）

SECTION 4

日常的な用件のとき

CHAPTER 3 生活編

　日常的に、気軽に電話で英会話ができたらどんなに素晴らしいことでしょう。もし、電話で英語を話す相手のいる人は、電話を使って、親交を温めるのはもちろんのこと、英語のブラッシュアップもはかりたいところです。

　知り合ったばかりの友人を映画やパーティーに誘うのもよいでしょう。何か頼みごとをしなければならないこともあるでしょう。

　友人ならずとも、海外滞在中に医者や歯医者に電話しなければならないということもあるかもしれません。店に電話して開店時間をたずねるといったこともあるでしょう。こういった雑事は、日常生活につきものです。電話ですませられることは、なるべく電話ですませたいものです。

　ここでは、「友人」、「医者や歯医者」に電話したり、何かの「問い合わせ」をするときの表現をみてみることにしましょう。

SECTION 4 日常的な用件のとき

①友人を誘う

Can you come to my house this Saturday?

(今週の土曜日に私の家に来ませんか)

②パーティーに誘う

Would you like to come to a party on Friday evening?

(金曜日の晩、パーティーにいらっしゃいませんか)

③映画に誘う

How about a movie?

(映画を見に行かない?)

④予定を聞く

Are you free tonight?

(今晩はおひまですか)

⑤コンサートに誘う

I've got two tickets for the Bonnie Raitt concert.

(ボニー・レイトのコンサートのチケットが2枚あります)

親しい相手には、左のようにCan you...?とたずねたり、How about playing a little tennis tomorrow afternoon? (あしたの午後ちょっとテニスをやらない?)などとたずねるのが自然だ。少々あらたまった状況では、Would you like to...?を使うとよい。

I'm having a party Friday evening. Would you like to come?といってもよい。夫婦を招待するときは、Would *you and your husband* like to come to...? (ご主人とご一緒に……にいらっしゃいませんか)のように誘う。

親しい相手には、左のように聞いたりDo you want to go to a movie with me? (一緒に映画に行かない?)などと聞ける。あらたまった状況では、I'm wondering if you'd like to go to a movie with me. (ご一緒に映画でもいかがかと思いまして)などという。

先に、I'm showing some slides from my trip to England tonight. (今晩、イギリス旅行のスライドを見せるのだけど)のように説明してから、こう聞くか、または、こう聞いて、Yes, why? (はい、なぜ?)といった返事が返ってきたところで、説明してもよいだろう。

④のように相手の予定を聞いて、Yes, why? (はい、なぜ?)という返事だったら、このように具体的に誘うとよい。人恋しくなったときは、I really want to see you. (あなたにとても会いたい)、How about dinner tonight? (夕飯でもどう?)などと誘ってみよう。

SECTION 4　日常的な用件のとき

⑥特別な用件がなくて電話をする(1)

I just wanted to say hello.

(ちょっとごあいさつをしたかったものですから)

⑦特別な用件がなくて電話をする(2)

It's nothing important.

(とくに重要な用事ではありません)

⑧頼みごとをする

May I ask a favor of you?

(お願いがあるのですが)

⑨結婚を祝う

I hope you'll be very happy together.

(おふたりがお幸せでありますように)

⑩昇進を祝う

Congratulations on your promotion!

(ご昇進おめでとう)

CHAPTER 3 生活編

急にある人の声が聞きたくなったら、この表現がピッタリだ。I just wanted to hear your voice. (声が聞きたくなりました)などといってもよい。このような電話を受けたら、(I'm) Glad you called. とか What a nice surprise! と「とてもうれしい」気持ちを表そう。

親しい相手なら、Hi! とあいさつして、What's up? とか What's new? (どうしてる？／面白いことある？)と聞いてくるかもしれない。また、What can I do for you? (何か用ですか)などということもあるだろう。特別な用事でなければ、左のように答えよう。

電話で頼みごとをする場合は、あいさつの後、こう切り出してみよう。Can I ask you a favor? でもよい。ためらいがある場合やあらたまった状況では、I was wondering if you could do me a favor. (お願いを聞いてもらえないかと思いまして)というと効果的だ。

相手の幸せを喜ぶのに、よく I'm really happy for you. (私もとてもうれしい)というが、これも結婚を祝うのにぴったりだ。I wish you a lot of happiness. (ご多幸を祈ります)も使える。試験前などには、I wish you good luck. (幸運を祈ります)と激励しよう。

I heard you got a promotion. Congratulations! (昇進したそうですね。おめでとう)のような言い方もできる。ただし、結婚や婚約の場合は、女性に対しては Congratulations! といってはいけない。これは苦労や努力して勝ちえたことを祝うことばだからだ。

SECTION 4　日常的な用件のとき

PART2・医者・歯医者

①紹介者が誰かをいう

Mr. Brown recommended him.

(ブラウンさんから先生を紹介していただきました)

②予約する

I'd like to make an appointment to see the doctor.

(診察の予約をしたいのですが)

③初診であると告げる

This is my first visit.

(初診です)

④症状を述べる

I have a high fever. What should I do?

(熱が高いのですが、どうしたらいいでしょうか)

⑤往診についてたずねる

Does he make house calls?

(先生は往診をなさいますか)

電話を受けた人に How did you find out about Dr. Bell? (ベル先生のことをどのようにして知りましたか)などと聞かれることがある。その場合は左のように答えたり、I found his name in the yellow pages. (職業案内の電話帳で先生の名前を見つけました)と答える。

こういうと、Can you come in at 2:30 tomorrow? (あす2時半に来られますか)などと、時間を指定されるのが普通だ。When can you come in? (いつ来られますか)と聞かれたら、Can I come in at five tomorrow? (あす5時はいかがですか)と聞いてみよう。

歯科医の予約などで、When was the last time you visited us? (前回はいつ見えましたか)のように聞かれることがある。初診なら、こう答えよう。Is this going to be your first visit? (初診ですか)と聞かれたときは Yes, it is. (はい、そうです)と答えればよい。

症状を伝える場合は、I have a severe headache ‹a stomachache/diarrhea/chills/a pain in my ribs/a temperature of 101›. (頭がとても痛い〈胃が痛い／下痢している／寒気がする／みぞおちのあたりが痛い／熱が[華氏で]101度ある〉)などと、I have . . . が便利だ。

医者の中で、診療時間外に自宅で電話を受ける人は、往診もする可能性が高い。本人が出たら、Do you make house calls? と聞いてみよう。Yes なら、How much does he‹do you› charge for each visit? (往診料は1回いくらですか)と聞いておこう。

SECTION 4 日常的な用件のとき

PART3・問い合わせ

①営業時間についてたずねる

Are you open today?

(きょうは開いていますか)

②クレームをつける

I bought a sweatshirt at your store yesterday, but it's too large for me.

(きのう、そちらでトレーナーを買ったのですが、大きすぎました)

③品物を交換する

Can you exchange it?

(取り換えてもらえますか)

④払い戻しを頼む

Can I get a refund?

(払い戻してもらえますか)

⑤レシートを持っているという

I have the receipt.

(レシートは持っています)

ここで、答えがYesなら、How late are you open? (何時までやってますか)とか、What time do you open? (何時からやってますか)と聞いてみよう。いつもの営業時間を知りたい場合は、When are you open? (何時から何時まで開いていますか)とたずねる。

買った品物に欠陥があったら、It has a spot ‹stain› on the back. (背中のところにシミがある)、There's a rip on the side. (横のところにほころびがある)、It's defective ‹broken›. (壊れている)、It doesn't work. (動きません)などと、クレームをつけよう。

サイズが問題なら、I'd like to exchange it for a smaller ‹larger› size. (小さい‹大きい›サイズと換えてください)といってもよい。欠陥などで交換する場合は、Can you replace it (with a new one)? ([新しいのと]換えてくれませんか)のようにreplaceを使う。

交換(exchange)ではなく、返品(return)して払い戻し(refund)してほしい場合は、I'd like to return it. (返品したいのですが)といって、このようにたずねよう。以上のようなクレームや問い合わせは、Customer Service (顧客サービス)に対してするのが普通だ。

Do you have the receipt? (レシートは持っていますか)と先に聞かれた場合は、Yes, I do. と答える。デパートなどでは贈り物など領収書がなくても交換してくれることがあるので、It was a gift. (贈り物でした)というなどして、あきらめないことが大切だ。

SKITS

SKIT 1 今夜はひまかな。

Caller(C): Sally, how are you?
Receiver(R): Oh, hi Gary.
C: Are you free tonight?
R: I suppose so.
C: How about a movie?
R: That sounds great.
C: What do you want to see?
R: Anything is OK.
C: Let's go see *Honeymoon In Vegas*. I'll pick you up at seven.
R: I'll be waiting.

SKIT 2 診察の予約をしたいんですが。

Caller(C): Hello. This is Helen Wurley. I'd like

SKIT 1
かけ手(C)：サリー、元気？
受け手(R)：あら、こんにちは、ゲイリー。
C：今夜はひまかな。
R：たぶんね。
C：映画でもどう？
R：いいわね。
C：何を見たい？
R：何でもかまわないわ。
C：『ハネムーン・イン・ベガス』を見にいこう。7時に迎えに行くよ。
R：待ってるわ。

SKIT 2
かけ手(C)：もしもし、ヘレン・ワーリーと申します。診察の予約をしたいんですが。
受け手(R)：ホワイト先生の診察を

to make an appointment to see the doctor.
Receiver(R): Have you been in to see Dr. White before?
C: No. This is my first visit.
R: When would you like to come in?
C: As soon as possible. I have a high fever.
R: The doctor has an opening at 3 p.m.
C: That sounds fine.

SKIT 3 レシートはあります。

Receiver(R): Champion Sporting Goods. What can I do for you?
Caller(C): I bought a sweatshirt at your store yesterday, but it's too large for me.
R: Have you worn it yet?
C: No.
R: Bring it back in and we'll exchange it for a smaller size.

受けられたことはありますか。
C：いいえ、初診になります。
R：いつがご希望ですか。
C：できるだけ早くに。熱が高いんです。
R：3時があいています。
C：それでけっこうです。

SKIT 3

受け手(R)：チャンピオン・スポーツ店です。ご用件は？
かけ手(C)：きのうそちらでスウェットシャツを買ったんですが、大きすぎるんです。
R：もう着てしまいましたか。
C：いいえ。
R：お持ちくだされば、小さいサイズとお取り換えしますよ。
C：返品はできますか。
R：レシートをお持ちでしたら。

C: Can I get a refund?
R: Only if you still have the receipt.
C: I have the receipt.
R: Bring it back anytime, then.
C: Thanks a lot.

Ｃ：レシートはあります。
Ｒ：では、いつでもお持ちください。
Ｃ：どうもありがとう。

TELEPHONE BOOTH ⑯

電話による売り込み

　アメリカでは、電話を使った売り込みがけっこう盛んだ。「○○新聞をとりませんか」、「家に警報器を取りつけませんか」、「××ガソリンスタンドですが、いま特別キャンペーン実施中です」、「うちのスーパーで買いものされたことはありますか」といった具合だ。こういう類の電話は、夕飯時にかかることが多く、迷惑このうえない。

　中には、コンピュータによる売り込みもある。電話に出ると、録音された声が、Hello, this is ... といって用件を説明する。そして、「yes のときは1を、no のときは0を押してください」とか何とかいって、売り込み（または、アンケート調査のようなこと）が始まる。それにしても、こんなことに真剣に応答する人が本当に世の中にいるとは思えないし、録音の声で売り込みとは、人をバカにしている。

　断る場合、コンピュータは、ただ電話を切ればいいので簡単だが、相手が人間の時は面倒だ。相手がしぶとい場合は、説得力のある言い訳を考えなければならない。

　しかし、アメリカのセールスマンというのは、断られた瞬間、Oh, all right.（あぁ、わかりました）と、それまでとはうって変わって無愛想な声になることが多い。何もいわずに切ってしまうこともあるくらいだ。あれをやられると、次のときも「絶対にまた断ってやるぞ！」と、固く心に誓ってしまうというものだ。

　　　　　　　　　　　　　　　　　　（高橋朋子）

SECTION 5

緊急事態のとき

CHAPTER 3 生活編

　海外旅行中、何らかの事故に遭遇したり目撃することは、なきにしもあらずです。また、自分自身が事故や犯罪の犠牲になることもないとはいえません。突然の腹痛に襲われたり、忘れ物をしたりすることも十分ありうることです。
　もちろん、こういったことは、誰もが「想像したくない」と思うことです。また「自分に限ってそういうことはない」と信じたいことです。
　しかし、万が一のために心の準備のみならず、表現の準備もしておくに越したことはありません。この際、嫌な想像は抜きにして、単なる英語の勉強だと思って表現を練習しておくとよいでしょう。
　ここでは、事故を目撃したときの警察などへの通報の仕方、火事や犯罪、車の故障や急病のときに使う表現をみてみることにしましょう。

SECTION 5　緊急事態のとき

①救急車を呼ぶ

This is an emergency. Please send an ambulance.

(緊急です。救急車をお願いします)

②事故を伝える

There's been a car accident on West 14th.

(西14番街で交通事故が起きました)

③けが人がいることを伝える

Someone's been hurt.

(けが人がいます)

④自分の事故を伝える

We've had a car accident.

(自動車事故に遭いました)

⑤場所を伝える

I don't know the address, but it's two blocks north of the Sheraton Hotel.

(住所はわかりませんが、シェラトンホテルから北に2ブロックのところです)

PART 1・事故

緊急の場合は、emergency ということばを使うことが大切だ。ambulance（救急車）もぜひ覚えておこう。自分自身で救急車が必要なら、I need an ambulance right away.（救急車がすぐ必要です）といってもよい。消防車なら、Please send a fire engine. という。

左は事故を目撃した場合の表現（自分が事故に遭った場合は下の④参照）。Someone got hit ‹run over› by a car on West 14th.（西14番街で車にひかれた人がいます）、There's been a hit-and-run accident on West 14th.（西14番街でひき逃げ事故です）といったこともあるだろう。

重傷の場合は、Someone's been injured. という。複数の人が重傷を受けた場合は、Several people have been injured. のように伝えよう。必要に応じて、He's ‹She's/They're› bleeding heavily.（出血がひどい）といった説明も付け加えるとよい。

続けて、I hit somebody ‹the guardrail›.（人をはねました／ガードレールにぶつかりました）とか、I was rear-ended.（追突されました）という。場所がわかっていれば、左の文のあとに at Broadway and 54th Street.（ブロードウェイと54丁目で）などと続ける。

番地や住所がわからなくても、It's right in front of the Broadway entrance to Macy's.（メーシーズのブロードウェイ側の入り口の真ん前です）とか、It's on the corner of Grand Avenue and 10th Street.（グランド通りと10丁目の角です）などと、場所を示そう。

SECTION 5　緊急事態のとき

①火事が発生したと伝える

My house is on fire!

(家が火事です)

②泥棒に入られたと伝える

I just got home and discovered that someone broke in.

(帰ったら家が泥棒にやられていました)

③車を盗まれたと伝える

My car was stolen last night.

(昨夜、車を盗まれました)

④スリにあったと伝える

My pocket was picked.

(スリにあいました)

⑤警察を呼んでもらう

Please call the police.

(警察を呼んでください)

on fire は「火事になって／燃えて」という意味。近所で火事を発見したら、There's a fire in my neighborhood. (近所が火事です)という。ただ、火事のときは英語の表現を考える余裕などないだろう。There's a fire! (火事だ！)と叫び、場所をはっきり伝えよう。

break in は「押し入る／泥棒に入る」くらいの意。My house ‹apartment› has been burglarized. (家‹アパート›が泥棒にやられました)といってもよい。What's your address? (住所は？)と聞かれたら、It's 88 Grand Avenue. (グランド通り88番です)などという。

この後に、It was parked on Broadway and Second. (ブロードウェイと2丁目にとめていました)、It's a 1989 Ford Escort. (1989年型のフォード・エスコートです)、The registration number is ABC123. (ナンバーはABC123です)と続ける。

「スリ」は pickpocket だ。「ホールドアップ」は文字通り hold up だが、I *was held up* in front of CitiBank. (シティー・バンク前でホールドアップされました)のように使う。路上などで盗みにあった場合は、I've been robbed. (盗まれました)という。

日本の110番にあたる電話番号は、各国で異なるが、アメリカなら911だ。警察の番号がわからないときは、交換手(operator)を呼び、左のようにいうか、Police, please. This is an emergency. (警察をお願いします。緊急です)といってつないでもらおう。

SECTION 5　緊急事態のとき

①車が故障したと伝える

My car has broken down.

(車が故障しました)

②ガス欠になったと伝える

I ran out of gas.

(ガソリンがなくなりました)

③パンクしてしまったと伝える

I have a flat tire.

(パンクしました)

④急病人がでた

It's an emergency.

(急病人です)

⑤医者を呼んでもらう

Please call a doctor.

(医者を呼んでくれませんか)

PART 3・故障・急病

車が故障して動かないときは、レンタカーオフィスか最寄りの自動車修理店 (car repair shop) に電話して、Can you send a tow truck to Third Avenue and 13th Street? (3番街と13丁目にレッカー車を送ってくれませんか)のようにいってレッカー車を頼もう。

I'm out of gas. (ガス欠になりました)ということもできる。他に、My car is stalled. (エンストを起こしました)、The engine won't turn over. (エンジンがかかりません)、The car doesn't start. (車がスタートしません)といったトラブルもあるだろう。

I've got a flat. (パンクしました)のように、「パンク」は flat ともいう。I'm locked out. (キーを車内に置いたままドアをロックしてしまいました)とか、The battery is dead. (バッテリーがあがってしまいました)などということもあるだろう。

Somebody has fainted ‹passed out›. (倒れた‹気を失った›人がいます)といった場合も、This is an emergency. Please send an ambulance. (緊急です。救急車をお願いします)のように、emergency だとはっきり告げることが大切だ($p.$ 262①参照)。

ホテルなどで病気になったときには、フロントに電話し、Would you call a doctor, please? (医者を呼んでくれませんか)、Can you get me a nurse, please? (看護婦を呼んでくれませんか)、Please call an ambulance. (救急車を呼んでください)のように頼むとよい。

SKITS

SKIT 1 緊急事態です。

Receiver(R): San Francisco General Hospital.
Caller(C): Hello. This is an emergency. Can you please send an ambulance?
R: OK, OK—just try to calm down, sir, and tell me where you are and what's happened.
C: OK. Right. Uh, we're at La Traviata restaurant in North Beach, and my wife is... uh...
R: Is your wife ill?
C: Uh, in a way.
R: Sir, I thought this was an emergency.
C: It is! She's having pains a minute apart!
R: You mean from the food?
C: From the baby!
R: She's having a baby?
C: Yeah!

SKIT 1

受け手(R)：サンフランシスコ総合病院です。
かけ手(C)：もしもし、緊急事態です。救急車をよこしてもらえますか。
R：はい、はい。落ち着いて、場所と、何が起こったのかを教えてください。
C：わかりました。えーと、場所はノース・ビーチのラ・トラビアータというレストランです。私の妻が……ええ……。
R：奥様がご病気なんですか。
C：ええと、まあそうです。
R：緊急事態ではないんですか。
C：そうです！ 妻が1分おきに痛がってるんです。
R：食べ物のせいですか。
C：赤ちゃんのせいなんです！

CHAPTER 3 生活編

R: Well, why didn't you tell me?! Now, what's the restaurant's address?
C: Uh . . . uh . . .it's 845 Grant Avenue. It's a block east of Washington Square.
R: OK, sir—just sit tight, and we'll have an ambulance there in about ten minutes.
C: (sigh) Thanks a lot.

R：妊娠されてるんですか。
C：そうです！
R：どうしておっしゃらなかったんですか?! レストランの住所は？
C：えーと……グラント通り845です。ワシントン・スクエアから1ブロック東のところです。
R：わかりました。そのままそこにいてください。10分くらいで救急車が到着します。
C：（ほっとして）どうもありがとう。

SKIT 2 車を盗まれたんです。

Receiver(R): Fourth Street Police Station.
Caller(C): Hello. My car was stolen last night.
R: Your name and address, please.
C: My name is Jane Norton, and my address is 9999-C Fifth Street.
R: What kind of car is it, ma'am?
C: It's a blue 1989 Ford Escort. The license plate number is ABC123.
R: And where was it parked?
C: It was parked in my driveway, in front of my house.
R: Can you tell me the time period when it was stolen?
C: I can tell you the time—it was 4:20 a.m.
R: Wait—you mean you saw the perpetrators stealing the vehicle?
C: No, I heard them. The car alarm went off,

SKIT 2

受け手(R)：4番街警察署です。
かけ手(C)：もしもし。きのうの夜、車を盗まれたんです。
R：お名前とご住所をお願いします。
C：ジェーン・ノートンといいます。住所は5番街の999-Cです。
R：どんな種類の車ですか。
C：青い1989年型フォード・エスコートです。ナンバーはABC123です。
R：どこに駐車してあったんですか。
C：家の前の道です。
R：何時ごろ盗まれたかわかりますか。
C：はっきりわかっています。4時20分でした。

CHAPTER 3 生活編

but they must've disengaged it.
R: Ma'am, we're open all night here. Why didn't you call then?
C: I was so sleepy, I thought it was my alarm clock. So I looked at the clock, reset it, and went back to sleep.

R：待ってください。犯人が自動車を盗むところを見たんですか。
C：いえ、音を聞いたんです。車の警報装置が鳴ったんですが、犯人が切ったようです。
R：奥さん、ここは夜もずっと開いているんですよ。なぜ、そのとき電話しなかったんですか。
C：あんまり眠くて、目覚まし時計が鳴ったんだと思ったんです。それで、時計を見て、スイッチを切ってまた眠ってしまったんです。

SKIT 3 車が動かなくなってしまいました。

Receiver(R): Auto Club. May I help you?
Caller(C): Yes. My car has broken down. Can you send a tow truck to Third Avenue and 13th Street?
R: Don't you think a jump-start'll do it?
C: No. I called you earlier, and someone came to jump-start the car about 15 minutes ago. I drove three blocks, and it broke down again.
R: Oh, OK. We'll have someone there in about 30 minutes.

SKIT 3

受け手(R)：オートクラブです。どうなさいましたか。
かけ手(C)：はい。車が動かなくなってしまいました。3番街と13丁目のところまでレッカー車をよこしてもらえませんか。
R：押しがけでは動きそうもありませんか。
C：だめです。さっきも電話して、15分ほど前に来ていただいて押しがけをしたんですが、3ブロックほど進んだところで、また止まってしまったんです。
R：ああ、そうでしたか。では、30分ほどでそちらに着くようにします。

TELEPHONE BOOTH ⑰

非常事態の時は「ナイン・ワン・ワン」

　日本で緊急事態が起きたら110番だが、アメリカでは911番だ。この911は、一時 nine eleven (9-11) のように呼ばれていたことがあったが、子どもたちが混乱するので、いまでは nine one one と呼ぶよう奨励されている(実は、非常事態に警察に電話しようとした子どもが、電話のダイヤルに「11 (eleven) がない！」と混乱し、911番に電話できず、不幸な結末に終わった事件が数件あったのだ)。

　この911にかけた場合、電話がつながれるのは警察だ。まず、交換手に Do you have a medical problem or a fire problem, or do you need a police car? (医療的な問題ですか、火災ですか、それともパトカーが必要ですか)のように、緊急事態の内容を聞かれる。答えに応じて、病院 (hospital)、消防署 (fire station)、警察 (police) のいずれかに連絡をとってくれるのだが、もし電話の主が気が転倒していたり、英語がわからなかったりで、この答えが得られなかった場合は、かけてきている電話の番号と所在地を調べ、とりあえず救急車(ambulance または paramedic)、消防車 (fire engine)、パトカー (police car) を出動させてくれる。

　しかし、ロサンゼルスなどの都市では、救急車はタダではない。軽い怪我に大騒ぎの末、救急車で病院へ運ばれたその数週間後、アッと驚くような請求書を受け取る、ということもあるわけだ。

（高橋朋子）

SECTION 6

その他

CHAPTER 3 生活編

　会話には、予期しない脱線がつきものです。また、電話の会話にも、多くのデコボコがあるものです。
　たとえば、間違った内線につながれてしまったり、突然切れてしまったり、回線のコネクションが悪くてザーザーいう雑音がひどかったり、相手の声が遠くて(または、小さくて)よく聞こえなかったり、といった具合に思い通りにことが運ばないことが多々あるものです。
　ここでは、こういった予期せぬような「デコボコ」に遭遇したときに役立つ表現をみていくことにしましょう。

SECTION 6 その他

①電話を切り上げたいとき
I think I'd better be going.
(そろそろ失礼します)

②電話を借りる
May I use your phone?
(電話をお借りしてもいいですか)

③外線のかけ方をたずねる
How do I get an outside line?
(外線をかけるにはどうすればいいのですか)

④間違った番号につながれたという
You connected me to the wrong number.
(違う番号につながりました)

⑤回線の状態が悪いという
This is a bad connection.
(回線の状態がよくありません)

I'd better get going. でもよい。相手が話し続けているが、どうしても話を切り上げたい場合は、Excuse me, Mary, somebody's at the door. I'd better go.（メアリ、悪いけど、誰か来たようなので失礼するわ）と（口実でもいいから）いってみよう（p. 76① 参照）。

電話を「借りる」は、borrow ではなく use を使う。市内通話の場合は、It's a local call.（市内通話です）といえば貸すほうも安心するはずだ。長距離の場合は、I'll charge this call to my credit card.（カードにつけます）などといって、料金の責任をもとう。

会社やホテルなどでは、外線をかけるときは9をダイヤルし、dial tone に切り替わってからダイヤルすることが多い。しかし、最近の電話のシステムはさまざまだから、このようにストレートに聞くほうがよい。Would you tell me how to get an outside line? も可。

違う番号につながれた場合は、交換手にこう告げよう。You を主語にすると当てつけがましく聞こえそうな場合は、I was connected to the wrong number. という。そして、Can you connect me to the right number?（正しい番号につないでください）と頼もう。

We have a bad connection. ということもできる。交換手に I've just called 123-4567 but had a bad connection.（123-4567番にかけたのですが、回線状態がとても悪かった）のように報告すると、その分の料金を取り消してくれることがある。

SECTION 6 その他

⑥混線しているという

Our line seems to have gotten crossed with someone else's.

(どこかと混線しているようです)

⑦電話が通じないという

The phone went dead.

(電話が通じなくなりました)

⑧電話が切れたという

I got cut off.

(電話が切れてしまいました)

⑨大きな声で話してくださいという

Could you speak up a little, please?

(もう少し大きな声で話していただけますか)

⑩いったん切ってほしいと頼む

Please hang up, and I'll call again.

(いったん切ってください。もう一度かけます)

CHAPTER 3 生活編

雑音がひどいときは、My line is getting a lot of noise. (雑音が激しい)のように相手に告げるか、直らないときは、電話局に報告しよう。「ザー」という雑音は、I'm getting a static noise. のように描写するとよい。「カチカチいう音」は、a clicking noise だ。

直訳すると「電話が死んだ」。機械などがダメになったときに便利な表現だ。電話が故障したときは、電話局に、My phone is out of order ‹not working›. (電話が故障中です)、Could you send someone to fix ‹repair› it? (誰か修理によこしてください)と頼もう。

こういって、Can you connect me to ... again? (……にもう一度つないでください)と交換手に頼もう。cut off は文字通り「切り離す／切る」だ。電話では、I was disconnected. のように、connect (つなぐ)の反対の disconnect (切る)もよく使う。

最近は、長距離電話も国際電話もよく聞こえるようになったが、周囲の雑音が激しくて聞こえないなどという場合は、こう頼んだり、I can't hear you. Can you speak a little louder? (聞こえません。もう少し大きな声で話してくれませんか)といおう。

回線状態が悪かったり混線しているときは、こう相手にいってかけ直すとよい。「電話を切る」は hang up。これは、昔の電話は受話器を引っ掛ける (hang up) 形だったことからきている表現だ。「受話器をとる」は pick up the phone という。

SKITS

SKIT 1 外線にかけるにはどうすればいいんですか。

A: How do I get an outside line?
B: Press 9 and then dial the number.
A: Thank you.

SKIT 2 もう少し大きな声で話していただけませんか。

Receiver(R): So I'll meet you at six o'clock outside the restaurant.
Caller(C): Could you speak up a little, please?
R: I said I'll meet you at six o'clock outside the restaurant.
C: This seems to be a bad connection. I can barely hear a word you're saying. Please hang up, and I'll call again.
R: OK. I'll be waiting.

SKIT 1

A：外線にかけるにはどうすればいいんですか。
B：9を押してから、番号をダイヤルしてください。
C：ありがとう。

SKIT 2

受け手(R)：では、6時にレストランの前でお会いしましょう。
かけ手(C)：もう少し大きな声で話していただけませんか。
R：6時にレストランの前で待っているといったんですよ。
C：回線の状態が悪いようですね。そちらの声がほとんど聞こえません。いったん切ってください。こちらからかけなおします。
R：わかりました。待っています。

TELEPHONE BOOTH 18

電話で電報を打つ

　アメリカに滞在中、日本に電報を打たなければならなくなった場合、どうすればいいかご存知だろうか。たとえば、結婚する知人に祝電を打ちたい、といった場合だ。

　日本宛ての電報は、Western Union という電報会社の事務所や取次所にいって申し込んでもよいが、これは電話でも十分用が足りることだ。

　まず、番号案内に電話し、最寄りの Western Union の番号を教えてもらう。そこに電話して、係の人が出たら、I'd like to send a telegram to Japan.（日本に電報を送りたいのですが）といって申し込む。

　通信文が日本語の場合は、あらかじめローマ字に直しておく必要がある。係の人に、ローマ字で一字一字読んであげなければならないからだ。たとえば、「ご結婚おめでとうございます」は、G-O-K-E-K-K-O-N space O-M-E-D-E-T-O ...（G-O-K-E-K-K-O-N、一字あける、O-M-E-D-E-T-O ……）といった調子で、文字通り、一字一句伝える。わかりにくい場合は、G as in George（George の G）、K as in King（King の K）といった具合に、わかりやすいことばの頭文字を使いながらつづってあげなければならない。実に、気の長い作業だ。

　通信料金は、自分の電話の請求書につけてもらうのが一般的だ。受信者の住所、氏名のほか、自分（発信者）の氏名も料金の対象となることも覚えておこう。

銀行口座の出納状況も電話でチェック

　ところで、銀行の用事というのは大変面倒なものだ。あまりキャッシュを持ち歩かず、小切手 (personal check) を日常的に使うアメリカでは、銀行の用事というのがけっこう多い。

　小切手口座 (checking account) の残高 (balance) が気になったり、預金口座 (savings account) から小切手口座にお金を移さなければならないこともあるだろう。1週間前に切った123番の小切手が引き落とされたかどうか調べたいといったこともあるだろう。しかし、そのためにわざわざ銀行に行くのも面倒なことだ。

　というわけで、最近はこういったtransaction（業務処理）は、電話でもすませられるようになった。まず、このサービス専用の電話番号に電話する。コンピュータにつながったら、録音の声の指示に従い、自分の顧客番号を押し、次に暗証番号を押す。そして、電話の番号ボタンをコードとして使いコマンドを送り込めば、自分の口座の残高や出納状況がチェックできる。また、自分の口座間でお金を移したり、自由自在だ。

　もちろん、キャッシュを出したり、小切手を振り込んだりということは物理的に無理だ。しかし、それ以外のことは、だいたい電話ですませることができる。実に便利でありがたいことだ。

（高橋朋子）

これだけは覚えておきたい
電話のキーワード100

- [ ] **another line**　別の通話
- [ ] **answer the phone ‹a call›**　電話に出る
- [ ] **answering machine**　留守番電話
- [ ] **area code**　市外局番（地域番号）
- [ ] **at one's desk**　席にいて
- [ ] **away from one's desk**　席を離れて
- [ ] **bad connection**　回線の状態が悪いこと
- [ ] **beeper**　ポケットベル
- [ ] **busy**　話し中で　*cf.* engaged（イギリス英語）
- [ ] **call**　通話、電話をかける（こと）
- [ ] **call ... at home**　個人宅に電話する
- [ ] **call back**　折り返し電話をする
- [ ] **call collect**　相手払いで電話する
- [ ] **caller**　電話をかけてきた人
- [ ] **call toll-free**　フリーダイヤルで電話する
- [ ] **call waiting**　キャッチホン
- [ ] **car phone**　自動車電話
- [ ] **collect call**　相手払い通話、コレクトコール
- [ ] **confirm**　確認する
- [ ] **connect**　電話をつなぐ
- [ ] **cordless telephone**　コードレス電話機
- [ ] **country code**　国番号
- [ ] **cover page**　ファックス送信の表紙
- [ ] **credit card call**　クレジットカード通話
- [ ] **cut off**　回線を切る
- [ ] **day ‹standard› rate**　通常料金
- [ ] **dial**　ダイヤル（を回す）、電話をかける
- [ ] **dial tone**　発信音
- [ ] **direct dial call**　ダイヤル直通通話
- [ ] **dial direct**　ダイヤル直通電話をかける
- [ ] **directory assistance**　番号案内
- [ ] **disconnect**　回線を切る

- ☐ **economy rate** 割り引き料金
- ☐ **emergency** 緊急(の)
- ☐ **emergency call** 緊急電話
- ☐ **engaged** 話し中で(イギリス英語) *cf.* busy (アメリカ英語)
- ☐ **extension** 内線
- ☐ **evening rate** 夜間(割り引き)料金
- ☐ **fax** ファックス、ファックスで送信する
- ☐ **fax machine** ファックスの機械
- ☐ **get back to ...** ……に後で折り返し電話をする
- ☐ **get in touch with ...** ……と連絡を取る
- ☐ **get off the phone** 電話を終える
- ☐ **give me ...** ……につないでください
- ☐ **hang up** 電話を切る
- ☐ **Hello.** もしもし、はい(電話を受けたとき、かけたときのことば)
- ☐ **hold (on)** (電話を切らずに)待つ
- ☐ **hold the line** → hold (on)
- ☐ **home (phone) number** 自宅の電話番号
- ☐ **house phone** 内線専用電話機
- ☐ **international call** 国際通話
- ☐ **leave a message** 伝言を残す
- ☐ **line** 電話回線
- ☐ **local call** 市内通話
- ☐ **long distance call** 長距離通話
- ☐ **make a (phone) call** 電話をかける
- ☐ **make an appointment** アポイントメントを取る
- ☐ **message** 伝言
- ☐ **mobile telephone** 携帯電話 (= cellular [tele]phone)
- ☐ **night (economy) rate** 深夜(割り引き)料金
- ☐ **one eight hundred number** アメリカのフリーダイヤルの通称
- ☐ **operator** 交換手
- ☐ **outside line** 外線
- ☐ **overseas call** → international call
- ☐ **over the phone** 電話で

- ☐ **page** 呼び出す
- ☐ **party** 電話で話している当事者
- ☐ **pay ‹public› phone** 公衆電話
- ☐ **person-to-person call** 指名通話
- ☐ **phone call** 通話
- ☐ **(phone) number** 電話番号
- ☐ **pick up the phone** 受話器を取る
- ☐ **place a call** 電話をかける
- ☐ **put through** 電話をつなぐ
- ☐ **receive a call** 電話を受ける
- ☐ **... residence** ……宅
- ☐ **return one's call** ……に折り返し電話をする
- ☐ **right number** 正しい電話番号
- ☐ **room-to-room call** 内線通話
- ☐ **rotary telephone** 回転ダイヤル式電話機
- ☐ **send ... by fax** ……をファックスで送る
- ☐ **speak up** 大きな声で話す
- ☐ **static noise** ザーザーいう雑音
- ☐ **station-to-station call** 番号通話
- ☐ **surcharge** 割り増し料金
- ☐ **switchboard** 交換台
- ☐ **(switchboard) operator** 交換手
- ☐ **take a message** 伝言を受ける
- ☐ **telephone** 電話(する)
- ☐ **telephone booth** 公衆電話ボックス
- ☐ **transfer** 転送する
- ☐ **the other party** 電話の相手
- ☐ **toll-free number** フリーダイヤル
- ☐ **touch-tone telephone** プッシュホン式電話機
- ☐ **try again later** 後でまた電話をかけてみる
- ☐ **urgent** 緊急の
- ☐ **wake-up call** モーニングコール
- ☐ **weekend rate** 週末(割り引き)料金
- ☐ **wrong number** 間違い電話
- ☐ **yellow pages** 職業別電話帳

Linguamaster® PCプレーヤーの使い方

本書付属のCDは、通常のオーディオCD音声の他に、リンガマスター方式の音声も収録されている「リンガマスター方式対応CD」です。

■リンガマスター方式

「リンガマスター方式」とは、パソコンまたはリンガマスターCDプレーヤーLM-C330を用いた場合に、以下の機能を利用できる方式のことです。

ノーマル・スピード、スロー・スピード、ファースト・スピード、日本語、のそれぞれに対応したボタンをクリックすることで、4種類の音声がセグメント（リピート等をする際の最小単位。通常センテンス単位でセグメント化している）ごとに瞬時に切り替わり、再生されます。

たとえば、ノーマル・スピードの英文を聞き取れない場合に、スロー・スピードのボタンをクリックします。すると、そのセグメントの最初からスロー・スピードで再生されます。セグメントの意味がわからない時は、日本語のボタンをクリックすることで、日本語で意味を確認できます。パソコンを使用した場合は、上記の機能に加え、音声に合わせて、英語および日本語のテキストも表示できます。

注）通常のCDプレーヤーでは、これらの機能は利用できません。

■このCDは次の3通りの方法で再生できます。

1. 通常のCDプレーヤー
2. リンガマスター社から発売されている、携帯型のリンガマスターCDプレーヤーLM-C330（p.291写真参照）
3. パソコン（以下の動作環境を参照）

■動作環境

パソコンを使ってリンガマスター方式CDを利用する場合、以下の動作環境を満たしている必要があります。これを満たしていない場合やパソコンのCD-ROMドライブの性能によっては、パソコンの画面の表示が乱れたり、動作不良を起こす可能性があります。また、一部の、古いタイプのCD-ROMドライブではリンガマスター方式CDが正常に動作しない場合があります。その場合は、通常の音声CDとしてのみご使用ください。

- OS：Windows 95/98/NT4.0/Me、Mac OS 7.5.3以降
- CPU：Pentium133MHz（および同等性能のCPU）以上を推奨。Power PC

Linguamaster® PCプレーヤーの使い方

搭載のMacintosh
- メモリー：16MB 以上
- サウンドボード：16ビット以上のサウンドボード
- CD-ROM ドライブ：2倍速以上（マルチセッション対応）
- ディスプレー：VGA（640×480ピクセル）high color 以上。

注）ハードディスクにはインストールしません。

■「リンガマスター方式対応 CD」使用上の注意

- ディスクは両面とも、指紋、汚れ、キズなどをつけないようにしてください。
- ディスクが汚れた時は、めがね拭きのような柔らかい布で軽く拭き取ってください。
- ディスクは両面とも、鉛筆、ボールペン、油性ペンなどで文字や絵などを書いたり、シールなどを貼ったりしないでください。
- ひび割れが生じていたり、変形したディスク、接着剤などで補修したディスクは故障の原因となりますから、絶対に使用しないでください。
- ディスクは直射日光の当たる場所や、高温、多湿の場所には保管しないでください。
- ディスクは使用後、元のケースに入れて保管してください。

●問い合わせ先

「リンガマスター方式対応 CD」に収録された本文の内容に関しては、英語出版第1編集部（Tel:03-3323-2444、e-mail：shuppan@alc.co.jp）までお問い合わせください。

「音が聞こえない」「動かない」など、ハードウェアの操作上の問題に関しては、マルチメディア事業部（Tel:03-3323-4421、e-mail：mm@alc.co.jp）までお問い合わせください。

それでは使ってみましょう！

パソコンの CD-ROM ドライブに本書付属のディスクを入れてください。「Linguamaster® PC プレーヤー」が自動的に起動し、次頁の画面が表示されます（注）。それでは各ボタンの機能を説明していきましょう。

注） Windows をお使いの方で、Linguamaster®PC プレーヤーが自動的に起動しない場合は、[マイ コンピュータ]の中にある CD-ROM ドライブのアイコンをダブ

Linguamaster® PCプレーヤーの使い方

ルクリックしてください。Mac をお使いの方は、画面に「ALC Player」というアイコンがあらわれますので、このアイコンをクリックしてください。

また、Linguamaster®PC プレーヤーを起動しようとして、通常の音声 CD を再生するプレーヤー(CD プレーヤー、Windows Medeia Playerなど)が起動してしまう場合は、一度そのプレーヤーを終了させてから、再度、上記の方法でお試しください。

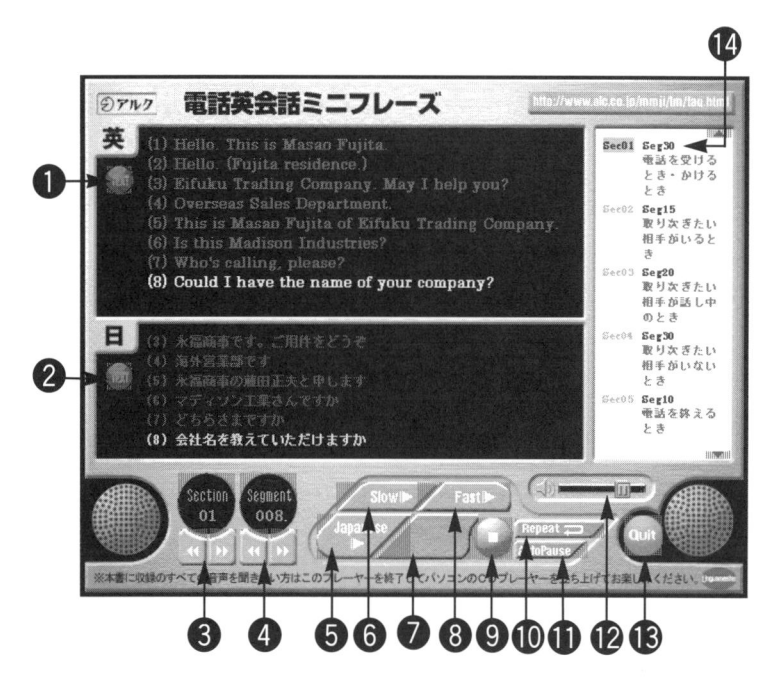

※ 本書付属のリンガマスター方式対応CDには各SECTIONのKEY EXPRESSIONS のみが収録されています。SKIT をお聞きになりたい場合は、CDプレーヤーを立ち上げてお楽しみください。

How to Use

【1】再生する

1. Section を選ぶ
   Section と書かれた枠の下の ◀◀ ▶▶ のボタン❸を使って、再生したい Section（【7】参照）を選びます。
2. 再生を始める
   Normal ボタン❼をクリックしてください。英語の音声が再生されます。
3. 停止する
   停止ボタン❾をクリックします。

【2】英文を読む

1. 【1】の1．2．の手順で再生します。
2. 「英」の枠内のTEXTボタン❶をクリックしてください。英語音声に対応した英文が表示されます。なお、再生中の個所は白色で表示され、再生後その部分は赤色に変わります。

【3】日本語訳を読む・聞く

1. 英語の音声に続けて日本語を聞きたい時は、【1】の1．2．の手順で再生します。次に Japanese ボタン❺をクリックします。これで、直前に読まれた英語の日本語訳の音声が再生されます。
2. 日本語訳を読みたい時は、「日」の枠内のTEXTボタン❷をクリックします。
   注）Normal での再生中に Japanese ボタン❺をクリックすると、Segment の再生が終わった時に、Normal 再生に戻ります。Japanese の音声を続けて聞きたい時は、いったん、停止ボタン❾をクリックしたのち、あらためて Japanese ボタンをクリックしてください。

【4】リピート再生する

1. 【1】の1．2．の手順で再生します。
2. Repeat ボタン❿をクリックすると、再生中の英文が繰り返し読まれます。
3. Repeat を解除するには、再度、Repeat ボタンをクリックします。

Linguamaster® PCプレーヤーの使い方

【5】ポーズを作る

1. 【1】の1．2．の手順で再生します。
2. Auto Pause ボタン⓫をクリックすると、Segment ごとの英文の後に、再生された英文と同じ秒数のポーズがおかれます。
3. Auto Pause を解除するには、再度 Auto Pause ボタンをクリックします。

【6】速度の異なる英語を聞く

1. スロー・スピードを聞くには、Slow ボタン❻をクリックします。
2. ファースト・スピードを聞くには、Fast ボタン❽をクリックします。

   注) Normal から Slow、あるいは Normal から Fast、あるいは Normal → Slow → Fast など、別の機能に移ると、Segment の再生が終わった時に、Normal 再生に戻ります。Slow や Fast の音声を続けて聞きたい時には、いったん、停止ボタン❾をクリックしたのち、あらためて Slow または Fast ボタンをクリックしてください。

【7】Section と Segment

　Segment は、英文や日本語訳を再生する際の最小単位です。これが、Repeat および Auto Pause 機能の単位になります。再生後のSegmentは、TEXTの「英」、「日」の枠内では、赤色に変わります。また、画面右のボックスの中に、Section 番号とその Section に含まれる Segment 数が表示され、再生されている Section の番号が反転します（⓮）。

　Section を進める／戻す場合は、いったん、停止ボタン❾をクリックしたのち、あらためて ◀◀ ▶▶ のボタン❸をクリックしてください。同様に、Segment を進める／戻す場合には、いったん、停止ボタン❾をクリックしたのち、あらためて ◀◀ ▶▶ のボタン❹をクリックしてください。

　注) Mac の画面では、Section 番号の下に Tr:00 と表示される場合もありますが、これは操作上関係のないものです。

【8】音量調節

　音量を調節するには、⓬のつまみを左右にドラッグします。

【9】終了

Linguamaster® PC プレーヤーを終了させるには、Quit ボタン❸をクリックします。

注）Mac をお使いの方で、本書付属のディスクを取りだす際、デスクトップにアイコンが2つある場合はその2つとも「ゴミ箱」に入れて取り出してください。

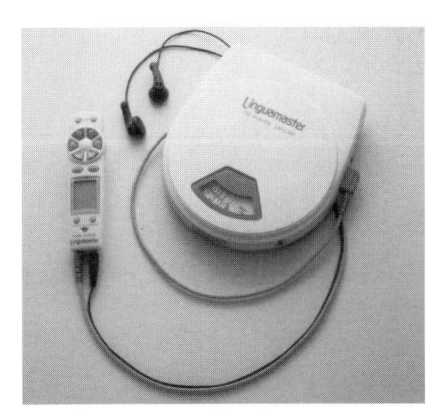

リンガマスター CD プレーヤー LM-C330

問い合わせ先：リンガマスター
　00777-5-330
http://www.linguamaster.co.jp

リンガマスター対応CDブック版
まるごと使える 電話英会話ミニフレーズ

本書は1999年初版発行の『CDブック版 まるごと使える 電話英会話ミニフレーズ』を
リンガマスター対応CDブック化したものです。

2001年8月9日　初版発行

解説	高橋朋子／田中宏昌／Burton C. Turner
編集協力	戸澤万里子
AD	金川道子／B.C.
レイアウト	金川道子／B.C.
表紙イラスト	秋山　孝
本文イラスト	秋山　孝／安ヶ平正哉／今泉　忍
発行人	平本照麿
発行所	株式会社アルク
	〒168-8611 東京都杉並区永福2-54-12
	TEL 03-3327-1101（販売部）
	TEL 03-3323-2444（英語出版第1編集部）
	FAX 03-3327-1022
	編集部ホームページ　http://www.alc.co.jp/be-line/
	編集部e-mail　shuppan@alc.co.jp
写植・版下	株式会社秀文社
印刷・製本	大日本印刷株式会社

©1999 by Tomoko Takahashi, Hiromasa Tanaka, Burton C. Turner, ALC Press Inc.

落丁本・乱丁本は弊社にてお取り換え致します。
定価はカバーに表示してあります。

Printed in Japan

地球人ネットワークを創る
株式会社アルク
http://www.alc.co.jp/

シリーズで**100万部突破!**
ひとりでできる英会話

発行：アルク

起きてから寝るまで
シリーズ550

起きてから寝るまで 表現550 正編
本（CD付） 1,480円

起きてから寝るまで 表現550 会社編
本（CD付） 1,480円

起きてから寝るまで 表現550 海外旅行編
本（CD付） 1,480円

起きてから寝るまで 表現550 日常生活編
本（CD付） 1,480円

起きてから寝るまで 表現550 キャンパス編
本 854円
本＋テープセット 3,864円

起きてから寝るまで 表現 人間関係編
本（CD付） 1,480円

高校生の起きてから寝るまで英語表現
本 940円／別売CD（1枚） 1,560円

起きてから寝るまで 子育て表現550
本（CD付） 1,480円

CD-ROM版 起きてから寝るまで まるごと英語で1週間
●Windows95/98版 ●Macintosh版
各 4,700円

起きてから寝るまで 表現早引きハンドブック
本 1,165円
本＋テープセット 4,757円

パソコンでも使える
リンガマスター対応CDブック版登場!

起きてから寝るまで英会話 口慣らし練習帳
本（リンガマスター対応CD2枚付）
1,880円

起きてから寝るまで 英会話まるごと練習帳
本（リンガマスター対応CD2枚付）
1,880円

価格はすべて税別価格です。お近くの書店にてお求めください。
書店にない場合は小社に直接お申し込みください。
(株)アルク販売部 〒168-8611 東京都杉並区永福2-54-12

0120-120-800
（月〜金 9:00〜21:00 ／ 土日祝 9:00〜19:00）
FAX、E-mailでのご注文も承っております。
FAX: 03-3327-1300
E-Mail: shop@alc.co.jp
ご紹介の書籍に関する詳細は、ホームページ
http://www.alc.co.jp/でもご覧になれます。

英会話 身近なことから話してみよう
スピーキングマラソン 入門コース

地球人ネットワークを創る
株式会社アルク
http://www.alc.co.jp/

受講開始レベル: 英検3級～準2級。TOEICテスト350～450点。
1日の学習時間の目安: 30分～40分

英会話上達のための第一歩、それは
自分の日常生活（気持ちや状況）について
話せるようになる練習をすることです。

例えば、朝起きて「いい天気だな」と思ったら "It's a beautiful day!"
やかんにお湯を沸かそうとしたら "I'll heat a kettle of water." と言ってみる。
あらゆる行動や気持ちを英語で言えるようになれば、**会話の幅がグーンと広がります。**

これが、いつでもどこでもできるスピーキング練習法「起きてから寝るまで」方式です。
テキストやCD教材は身近な表現がいっぱい。
生活の実感が伴っているうえ、日々の着実な積み重ねができるので**効果は抜群**です。

ほかにも…
- 170万語のデータベースからコンピューターが抽出した頻出表現を徹底コーチ。
- 会話の土台になる文法は12項目に分けてわかりやすく解説。
- 1カ月ごとの到達度が客観的にわかるテストを毎月実施。

体験者の声
「第1巻のテキストを開いたとき、本当に中学のときに習った基本的なところから入門できるのかとうれしかった。これなら続けていけると確信した」…etc.

お申し込みは本書さし込みハガキ（切手不要）でどうぞ。
電話またはFAX、E-mailでもお申し込みいただけます

教材: コースガイド／テキスト6冊（毎月1冊）／CD12枚（毎月2枚）／月刊『Active English』（CD付き）6冊（毎月1冊）／マンスリーテスト6回（毎月1回）／『日常会話でよく使う英語表現300』1冊
※修了時、修了証発行。

受講期間: 6カ月
受講料（税別）: 39,800円
お支払い回数: 一括払い／6回払い（手数料7％）

※不良品は送料小社負担で交換いたします。
※商品の特質上、原則として不良品以外の返品はご容赦ください。

毎月20日（小社着）申込締切、翌月13日受講スタート。

英語学習情報誌 月刊『CAT』6カ月無料進呈！

電話でのお申し込みは、全国どこからでも通話料金無料のフリーダイヤルで
0120-120-800
受付時間／（月～金）9:00～21:00、（土日祝）9:00～19:00
FAX.03-3327-1300
E-mail:alcpr@alc.co.jp
24時間受付／2-01-638係宛

今までの英会話から一歩前進！
スピーキング マラソン 実践コース

地球人ネットワークを創る
株式会社 アルク
http://www.alc.co.jp/

厚生労働大臣指定講座／教育訓練給付金受給対象

受講開始レベル: 英検2級〜準1級。
TOEICテスト550〜700点。
1日の学習時間の目安: 30分〜40分

海外旅行には何度か行っているけど、
いつも決まりきった会話ばかり…。
こんな人に必要なのは、アドリブに対応できる力。
あいさつや旅行英語などの「型にはまった」英語から一歩踏み出して、
自分らしい会話ができるよう自己表現力を磨きます。

1 いつものセリフにプラスアルファ！
各スキットの設定は、海外や国内で英語を使うシーン。
型どおりのフレーズだけでなくアドリブ的なやりとりも含まれているから、
自然な英会話の流れを学ぶことができます。

2 交渉、説得、アドバイス…。これが「大人の会話術」
英語だとうまく言えないから…、と意見を言うことをあきらめていませんか？
当講座では、「説得する」「意見を求める」など、大人として発言できる対話能力をマスターします。

3 知っている単語だけで「日本」を説明できますか？
例えば「印鑑」や「大黒柱」の意味を聞かれたら何と答えますか？
知っている単語だけでうまく表現する方法をマスターします。

さらに…
英語の文の作り方、文のつなげ方を学ぶコーナー「Making Sense」。
スキットに登場した表現を確認できる「Speaking Exercises」。
英語で話す際の顔の表情、しぐさなど、円滑な会話に欠かせないポイントを学ぶ
「Keys to Communication」。
など、英会話力アップを実現するコーナー構成

お申し込みは本書さし込みハガキで！（切手不要）
電話またはFAX、E-mailでもお申し込みいただけます。

教材: コースガイド／テキスト6冊（毎月1冊）／CD12枚（毎月2枚）／マンスリーテスト6回（毎月1回）／月刊『Active English』（CD付き）6冊（毎月1冊）／※修了時、修了証発行。
受講期間: 6カ月
受講料（税別）: 41,800円
お支払い回数: 一括払い／6回払い（手数料7%）
※不良品は送料小社負担で交換いたします。
※商品の特質上、原則として不良品以外の返品はご容赦ください。

毎月20日（小社着）申込締切、
翌月13日受講スタート。

英語学習情報誌
月刊『CAT』
6カ月無料進呈！

電話でのお申し込みは、全国どこからでも通話料金無料のフリーダイヤルで
0120-120-800
受付時間／（月〜金）9:00〜21:00、（土日祝）9:00〜19:00
FAX.03-3327-1300
E-mail:alcpr@alc.co.jp
（24時間受付／2-01-638係宛）

24時間取り出しOK!

主催：地球人ネットワークを創る 株式会社アルク

英語学習のNO.1サイト http://www.alc.co.jp/

アルクFAX情報サービス

アルク主催の通信講座の詳しい資料が今すぐ、入手できます。（通話料のみ）

1. FAX（プッシュ回線）の受話器を取って03-5443-0544へダイヤルしてください。
   ※ダイヤル回線の場合は、プッシュトーン（トーン信号が出るモード）に切り替えてご利用ください。
2. 音声ガイドに従い、（株）アルクの企業コード7200#を押してください。
3. 音声ガイドに従い、資料を希望する案内情報の4ケタのBOX番号と#を押してください。
   ※各講座のBOX番号は、下の表をご参照ください。
4. FAXのスタートボタン（通信ボタン）を押して、受話器を置いてください。

案内情報	BOX番号	案内情報	BOX番号
メニュー		ボキャビルマラソン・パワーアップコース	7213
アルクFAX情報メニュー	7201	**英文法**	
ヒアリング		英文法マラソン	7227
ヒアリングマラソン入門コース	7202	**英語試験**	
ヒアリングマラソン初級コース	7203	TOEICテスト470点入門マラソン	7214
1000時間ヒアリングマラソン	7204	TOEICテスト600点突破マラソン	7215
「1000時間ヒアリングマラソン」音声教材お試しボックス	7209	TOEICテスト730点攻略マラソン	7216
スピーキング		TOEICテスト860点スーパーマラソン	7217
スピーキングマラソン入門コース	7205	英検マラソン2級コース	7226
スピーキングマラソン実践コース	7206	英検マラソン準1級コース	7231
リピーティングマラソン	7234	TOEFLテストマラソン	7218
リピーティングマラソン実践コース	7235	**児童英語教育**	
「リピーティングマラソン」音声教材お試しボックス　テキスト	7250	児童英語教室開設・児童英語教材のご案内	7219
「リピーティングマラソン」音声教材お試しボックス　音声	7251	アルク児童英語教師養成コース	7220
「リピーティングマラソン実践コース」音声教材お試しボックス　テキスト	7252	**幼児・児童向け英語教材**	
「リピーティングマラソン実践コース」音声教材お試しボックス　音声	7253	エンジェルコース	7233
※リピーティング2講座はテキストを先に取り出してください。		キューピッドコース	7239
イングリッシュキング	7240	スクールバスAコース	7241
ビジネス英会話スキルアップマラソン	7244	スクールバスBコース	7242
読解		**日本語教育**	
ペーパーバックマラソン	7208	NAFL Institute日本語教師養成通信講座	7221
タイムマラソン	7207	日本語の教え方 短期実践講座	7222
ライティング		**マルチリンガル**	
ライティングマラソン	7210	中国語マラソン	7238
語彙		**その他**	
「ボキャビルマラソン」音声教材お試しボックス	7211	教育訓練給付制度のご案内	7224
ボキャビルマラソン	7212	学習カルテ・カウンセリング	7236

※複数の講座の資料を取り出したい場合は、一回ごとに操作してください。

・・・・・・・・・・ 資料請求は、電話やE-mailでもどうぞ ・・・・・・・・・・

0120-120-800　　**E-mail.alcpr@alc.co.jp**

受付時間（月〜金）9:00〜21:00　（土日祝）9:00〜19:00

（2-01-638係宛／24時間受付）

※E-mailをご利用の際には、お客様のお名前・ご住所・お電話番号を明記のうえ送信してください。